HOLT 3 FRENCH

Allez, viens!®

Travaux pratiques de grammaire

HOLT, RINEHART AND WINSTON

A Harcourt Classroom Education Company

Austin • New York • Orlando • Atlanta • San Francisco • Boston • Dallas • Toronto • London

Requests for permission to make copies of any part of the work should be mailed to the following address: Permissions Department, Holt, Rinehart and Winston, 10801 N. MoPac Expressway, Building 3, Austin, Texas 78759.

Cover Photo/Illustration Credits
Jean-Jacques Larrière; CD: Digital imagery® © 2003 Photodisc, Inc.

ALLEZ, VIENS! is a trademark licensed to Holt, Rinehart and Winston, registered in the United States of America and/or other jurisdictions.

Printed in the United States of America

ISBN 0-03-065006-2

7   8   9   10 11   054   09 08 07 06

Contents

CHAPITRE 1

France, les régions

■ PREMIÈRE ÉTAPE

To greet old friends and talk about your vacations, you'll need to know how to use the **passé composé** and the **imparfait**.

Grammaire   The passé composé

Use the **passé composé** to tell about something that happened in the past. To form the **passé composé**, use the helping verb **avoir** or **être** and add the past participle. Most verbs use **avoir** as a helping verb.

J'**ai pris** le train.   Nous **avons dormi** chez des amis.

Tu **as visité** le Louvre?   Vous **avez attendu** l'avion longtemps?

Il **a travaillé** en août.   Elles **ont fait** un long voyage.

Here's a list of some common verbs with irregular past participles that you'll need to memorize.

dire	**dit**	prendre	**pris**	voir	**vu**	boire	**bu**
écrire	**écrit**	être	**été**	lire	**lu**	pouvoir	**pu**
mettre	**mis**	faire	**fait**	avoir	**eu**	vouloir	**voulu**

1 You overhear several people in a travel agency talking about vacations. Circle the letters of the remarks that refer to vacations they've already taken.

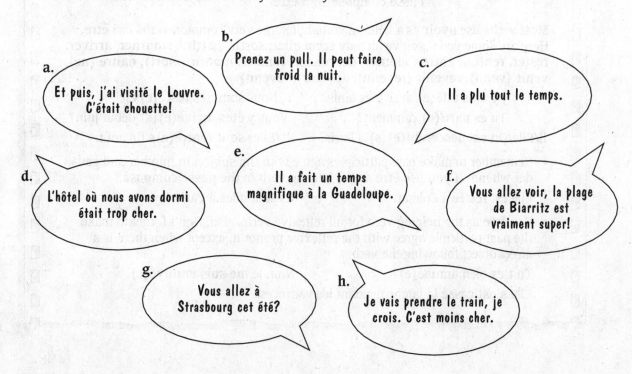

a. Et puis, j'ai visité le Louvre. C'était chouette!

b. Prenez un pull. Il peut faire froid la nuit.

c. Il a plu tout le temps.

d. L'hôtel où nous avons dormi était trop cher.

e. Il a fait un temps magnifique à la Guadeloupe.

f. Vous allez voir, la plage de Biarritz est vraiment super!

g. Vous allez à Strasbourg cet été?

h. Je vais prendre le train, je crois. C'est moins cher.

2 While waiting in a travel agency, Pascal is talking to a girl who's planning a trip to France. He's already been there, and he likes to brag about it. Write his reactions to her statements.

EXAMPLE   Je veux absolument visiter le Louvre.
          <u>Moi, j'ai visité le Louvre.</u>

1. Je vais certainement voir la tour Eiffel.

   _____

2. Je crois que je vais manger des escargots.

   _____

3. Je voudrais bien acheter des vêtements dans des boutiques parisiennes.

   _____

4. Je vais rencontrer des Français, non?

   _____

5. Je vais lire des journaux français.

   _____

6. Dormir à l'hôtel, c'est peut-être trop cher, non?

   _____

7. Je vais certainement prendre le métro.

   _____

8. Je vais peut-être faire un tour en bateau-mouche.

   _____

Passé composé with être

Most verbs use **avoir** as a helping verb, but some very common verbs use **être**. Here are some verbs you've already seen: **aller, sortir, partir, retourner, arriver, rester, rentrer, entrer, monter, descendre, tomber, mourir (mort), naître (né), venir (venu), revenir (revenu), devenir (devenu)**.

> J'y **suis allé(e)** avec mes amis.   Nous **sommes resté(e)s** ici.
>
> Tu **es parti(e)** comment?   Vous y **êtes arrivé(e)(s)** début juin?
>
> Il/Elle/On **est descendu(e)(s)** à Paris.   Ils/Elles **sont rentré(e)s** fin août.

- Remember to make past participles agree with the subject in number and gender whenever you use **être** as the helping verb in the **passé composé**.

  Elle est restée à Colmar.   Ils sont allés à Paris.

- Use **être** as the helping verb for all reflexive verbs also. Don't forget to make the past participle agree with the reflexive pronoun, except when there is a direct object following the verb.

  Tu **t'es** bien **amusé(e)**?   Non, je **me suis ennuyé(e)**.

  Elle **s'est cassé** la jambe pendant les vacances.

---

3 Thierry has just come back from a vacation and you've asked him how it went. Fill in the blanks with the correct form of the verb **avoir** or **être** to complete Thierry's story about his vacation.

Euh, ça ne s' **(1)** _____ pas très bien passé. Je (J') **(2)** _____ allé en Allemagne avec des amis. Je (J') **(3)** _____ vu des monuments, je (j') **(4)** _____ visité des musées, mais il **(5)** _____ fait un temps épouvantable. Nous ne (n') **(6)** _____ pas sortis du tout les deux premiers jours. Je me (m') **(7)** _____ ennuyé. Et puis, le jour où on devait rentrer, je (j') **(8)** _____ perdu mon passeport. Je ne sais pas ce qui s'est passé. Je l'avais quand nous **(9)** _____ descendus de la chambre. Mais quand on **(10)** __est__ arrivés à la gare, je ne l'avais plus. Je (J') **(11)** _____ retourné à l'hôtel pour essayer de le trouver. Je n'avais qu'une demi-heure avant le départ du train, donc je me (m') **(12)** _____ dépêché. Comme je ne faisais pas très attention, je ne (n') **(13)** _____ pas remarqué qu'il y avait de l'eau par terre. Je (J') **(14)** _____ tombé et je me (m') **(15)** _____ cassé la jambe. Alors, je ne (n') **(16)** _____ pas pu prendre le train. On me (m') **(17)** _____ emmené chez le médecin. Je (J') **(18)** _____ resté deux semaines de plus en Allemagne. Je (J') **(19)** _____ écrit à mes parents pour qu'ils viennent me chercher. Je (J') **(20)** _____ rentré fin août. Quel cauchemar, hein?

4 Retell the story that Thierry told you as if it happened to Marie-Claire. As you write her story, remember to make past participles agree where necessary.

Ça ne s'est pas très bien passé. Elle... _____

_____

_____

_____

_____

_____

_____

_____

_____

_____

_____

_____

Grammaire   The imparfait

To describe what things used to be like or talk about repeated actions in the past, use the imperfect tense.

To form the **imparfait**, use the stem of the nous form of the verb in the present tense (**aller → nous allons → all-**), and add the following endings to the stem: **-ais, -ais, -ait, -ions, -iez,** and **-aient**.

   En été, j'**allais** voir ma grand-mère.   Nous **avions** une maison en Alsace.

To describe things or people in the past, you will often need to use the imperfect forms of **être**. To form the imperfect of **être**, add the same endings as above to its irregular stem, **ét-**.

   La Bretagne **était** magnifique.   Mes grands-parents **étaient** en forme.

5 Match the beginning of these sentences with their logical ending.

_____ 1. Je...

_____ 2. Paul et Françoise...

_____ 3. Vous...

_____ 4. Avant, elle...

_____ 5. Nous...

   a. connaissiez le prof de maths l'année dernière?

   b. attendions le bus quand il est arrivé.

   c. allait au cinéma tous les samedis.

   d. savais bien que tu avais ce CD!

   e. étaient tristes de partir.

6 You're visiting Paris with a group of friends. Based on everyone's interests, propose places to go and activities to do.

EXAMPLE   Etienne and Alexandre love puppet shows.
   (ils/aller) <u>S'ils allaient</u> au théâtre de marionnettes?

1. Coline and Noémie want to see monuments.

   (vous/visiter) _____ l'Arc de triomphe?

2. Victor has never been to a museum.

   (tu/aller) _____ au Louvre?

3. Didier likes movies.

   (on/aller) _____ au cinéma?

4. Valérie likes sweets.

   (on/manger) _____ du chocolat?

5. Nathalie is interested in art.

   (nous/visiter) _____ le Musée d'Orsay?

6. Claude would like to buy something typical for his mother.

   (tu/acheter) _____ un livre de cuisine?

7. Claude would also like to shop for clothes.

   (il/aller) _____ aux Halles.

7 Jacqueline spent a year in Brussels. After returning to Paris, she wrote this letter to her Canadian friend Félix to tell him about her experience. Fill in the blanks with the imperfect form of the verbs in parentheses.

Cher Félix,

Il y a bien longtemps qu'on ne s'est pas écrit. Tu sais que je(j') (1) _____ (être) à Bruxelles cette année. Ce(C') (2) _____ (être) super chouette! Je(J') (3) _____ (être) avec une famille, les Hendricks. Je me suis beaucoup amusée pendant mon séjour. Mon lycée (4) _____ (se trouver) à quelques kilomètres de l'appartement et je (5) _____ (prendre) le bus pour aller en classe. Quelquefois, Madame Hendricks me (m') (6) _____ (amener) au lycée en voiture. Après les cours, je(j') (7) _____ (aller) souvent au café avec mes copains. Ou alors, on (8) _____ (se balader) en mangeant des gaufrettes qu'on (9) _____ (acheter) dans la rue.

Quand on (10) _____ (sortir) en famille le dimanche, on (11) _____ (déjeuner) dans une brasserie. En général, je (12) _____ (commander) mon repas préféré : un steak-frites! Et puis, l'après-midi, nous (13) _____ (aller) visiter des musées comme le Palais des Beaux-Arts. Mais mon musée favori, ce(c') (14) _____ (être) le Centre de la B.D., bien sûr! Je (15) _____ (penser) toujours à toi quand j'y (16) _____ (aller). Tu aurais adoré ça. La Belgique me manque déjà... Enfin, Paris, c'est chouette aussi. Ecris-moi vite pour me donner de tes nouvelles.

Bises,

Jacqueline

8 Write Félix's response to Jacqueline. Use the imperfect to tell her about your activities over the year. You visited the Louvre often, you went on picnics, you got together with your friends in cafés, and once a month, you went on a mad shopping spree on the Champs-Elysées.

Chère Jacqueline,

_____

_____

_____

_____

_____

■ DEUXIEME ETAPE

To order, make recommendations, and express indecision about food items in a restaurant, you'll need to know the names of some foods and some dishes on a French menu.

VOCABULAIRE   French menu items

9 Fill in the empty spaces in the menu from **La Barbouille** with appropriate dishes.

La Barbouille

ouvert tous les jours sauf le lundi

01.47.38.83.18

Les entrées

le potage du jour   l'assiette de crudités

_____   _____

_____   _____

Les plats principaux

_____   le steak-frites

l'escalope de veau à la crème   _____

_____

la salade verte
l'assiette de fromages

le bleu   _____

_____   le gruyère
_____

Les desserts

la mousse au chocolat   _____

_____   le gâteau au chocolat

_____   le café liégeois

---

la crème caramel
le poulet haricots verts
le roquefort
les tartes aux fruits
le camembert
la côtelette de porc pâtes
le brie
les carottes râpées
l'assiette de charcuterie
le fromage de chèvre
le pâté
l'escalope de dinde purée
les glaces
le céleri rémoulade

10 Circle the letter of the dish that does not belong in each group on a French menu because of meaning.

1. **a.** le camembert
   b. le brie
   c. la crème caramel

2. **a.** le poulet haricots verts
   b. le pâté
   c. l'escalope de dinde purée

3. **a.** le roquefort
   b. les tartes aux fruits
   c. la crème caramel

4. **a.** les carottes râpées
   b. la salade verte
   c. le céleri rémoulade

5. **a.** l'assiette de fromages
   b. l'assiette de charcuterie
   c. l'assiette de crudités

6. **a.** la côtelette de porc pâtes
   b. le filet de sole riz champignons
   c. le fromage de chèvre

11 Sandrine and her friends are having a hard time deciding what to order in a restaurant. Based on their likes and dislikes, make a recommendation from the completed menu on the previous page.

Isabelle prefers mild cheese.	Patrice loves chicken.
Habib likes turkey a lot.	Larissa is crazy about custard.
Fabrice likes most vegetables.	Sandrine loves ham and pâté.

Larissa 1. _____

Fabrice 2. _____

Sandrine 3. _____

Isabelle 4. _____

Patrice 5. _____

Habib 6. _____

Si tu as oublié... Foods

12 You've invited a French exchange student to dinner. He has food allergies, and wants you to tell him in advance what ingredients will be in the food. Look at the menu your family has planned and make a list of the ingredients.

assiette de charcuterie

escalope de dinde purée

salade verte

brie, chèvre

tarte aux fruits

_____

_____

_____

_____

_____

13 Céline is trying to help Ahmed decide what to order in a restaurant. Complete their conversation with the appropriate words from the box.

la tarte aux pommes   le sel   le beurre
les petits pois   le filet de sole riz champignons   les pommes de terre
la côtelette de porc pâtes   la farine   le camembert   la crème caramel
le céleri rémoulade   une baguette   l'escalope de dinde purée

CELINE   Qu'est-ce que tu vas prendre?

AHMED   Hmm. Comme entrée, je vais prendre **(1)** _____.

CELINE   Et comme plat principal?

AHMED   Oh, je ne sais pas. Qu'est-ce que tu me conseilles?

CELINE   Essaie **(2)** _____.

AHMED   Euh, je n'aime pas trop le poisson.

CELINE   Alors, pourquoi tu ne prends pas **(3)** _____?

AHMED   Euh, parce que je ne mange pas de porc.

CELINE   Ah oui. Bon, eh ben, prends **(4)** _____.

AHMED   Bonne idée. Et puis la salade, et puis, comme fromage, du chèvre, peut-être.

CELINE   Le chèvre, c'est fort. Tu devrais plutôt prendre **(5)** _____.

AHMED   Oui, tu as raison.

CELINE   Et comme dessert?

AHMED   Tout me tente. J'hésite entre **(6)** _____ et **(7)** _____.

CELINE   Prends **(8)** _____. Les fruits, c'est bon pour la santé!

CHAPITRE 2

2 Belgique, nous voilà!

■ PREMIÈRE ÉTAPE

To talk about your plans, you need to use **aller** plus an infinitive. To ask for and give directions, you need to know how to use the imperative. You may also want to know car-related words and expressions and the verb **conduire**.

Tu te rappelles? Future plans and **aller**

To talk about upcoming plans, use a form of **aller** plus an infinitive.
Ce week-end, mes parents et moi nous **allons visiter** Bruxelles.

1 You and your friends have just come back from summer vacation, and you and Arthur would like to get together with your friends to talk about where you went and what you saw. You called everyone, but no one is free this weekend. Use the information in your notes below to leave a note for Arthur, telling him that all your friends are busy.

1. Karin : faire du ski nautique à la plage

2. Marc et Tonio : visiter Bruxelles

3. Roger : rendre visite à sa grand-mère

4. Blondine et Martine : aller au Centre de la BD

5. Toi, tu : s'amuser avec Lucien

6. Toi et Lucien, vous : faire du camping dimanche

7. Je : rester chez moi

8. Mon chat et moi, nous : regarder la télé

9. Claude et Dominique : manger au restaurant

1. _____
2. _____
3. _____
4. _____
5. _____
6. _____
7. _____
8. _____
9. _____

French 3 Allez, viens!, Chapter 2

Travaux pratiques de grammaire **9**

VOCABULAIRE   At the gas station

2 You overhear a conversation at the gas station. Complete the dialogue with the correct words.

plein	freins	crevé	vérifier	essence
secours				
nettoyer	vidange	pompiste	tomber	plomb

— Bonjour, madame. Je peux vous aider?

— Oui, s'il vous plaît. Vous pouvez faire le **(1)** _____?

— Bien sûr. Du super ou du super sans **(2)** _____?

— Du super. Et puis, si vous pouviez **(3)** _____ la pression de mes pneus

et la pression de la roue de **(4)** _____.

— Très bien. Euh… votre pare-brise n'est pas très propre. Je peux vous le

(5) _____, si vous voulez.

— Oui. Très bien… et puis, pendant que vous y êtes, je crois que mon huile est trop

vieille. Est-ce que vous pouvez faire la **(6)** _____?

— Oui.

3 Use the clues below to complete the crossword puzzle.

HORIZONTALEMENT

1. On en met dans les pneus.
2. Quand on met le plus d'essence possible dans le réservoir de sa voiture, on fait le…
3. C'est une catégorie d'essence et une expression qui veut dire «très bien».
4. C'est l'endroit où on met l'essence.
5. Quand un pneu n'a plus d'air, il est…

VERTICALEMENT

6. C'est la personne qui travaille à la station-service.
7. Les voitures en ont quatre et les vélos en ont deux.
8. Quand on n'a plus d'essence, on tombe en…
9. Quand on fait la vidange, on la change.

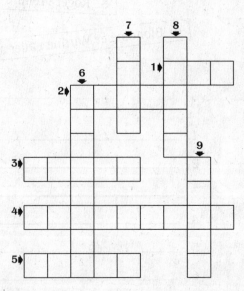

Grammaire   The verb conduire

Conduire *(to drive)* is an irregular verb. These are the present tense forms.

Je **conduis**⎫   Nous **conduisons**⎫
Tu **conduis**⎬ une Peugeot®.   Vous **conduisez**⎬ une Citroën®.
Il/Elle/On **conduit**⎭   Ils/Elles **conduisent**⎭

The past participle of **conduire** is **conduit**: Il **a conduit** ma voiture hier.

4 Make complete sentences of the following words and phrases.

1. trop vite / conduire / les taxis parisiens

_____

2. à Bruxelles / cette route / ne pas conduire

_____

3. ma voiture rose / je / conduire / toujours

_____

4. aux Etats-Unis / conduire / on / à droite

_____

5. conduire souvent / de tes parents / la voiture / est-ce que tu

_____

6. conduire / nous / mes parents et moi / de petites voitures

_____

Grammaire   The imperative

To make suggestions to a group that includes yourself, use the **nous** form of the verb without **nous**.

Allons au Palais Royal!   Ne **mangeons** pas de pizza.

To give commands, use the **tu** or **vous** form without **tu** or **vous**. Drop the **s** from the **tu** form of -er verbs.

Regarde la route!   **Viens** avec moi!

Mettez de l'air dans les pneus!

Place object pronouns after the verb and attach them to it with a hyphen in positive commands. If the command is negative, the pronoun remains between **ne** and the verb.

Dépêchez-**vous**!   Ne **lui** téléphone pas!

The verb **être** has irregular command forms.

Sois raisonnable!   **Soyons** prudents!   **Soyez** à l'heure!

CHAPITRE 2 Première étape

5 Hervé is at the service station. Complete his conversation with the attendant, using the correct verbs in the appropriate command form.

> suivre faire traverser vérifier payer
> nettoyer mettre prendre continuer

HERVE (1) _____ le plein et (2) _____ le pare-brise, s'il vous plaît.

Ensuite, (3) _____ la pression des pneus et, s'il le faut,

(4) _____ de l'air dans les pneus. Au fait, comment on va à Liège d'ici?

LE POMPISTE Alors, Liège... (5) _____ la N. 488 jusqu'à Marche-en-Famenne.

(6) _____ la ville et (7) _____ la N. 35. (8) _____

sur la N. 35 pendant 70 km environ et vous allez arriver à Liège.

HERVE Bon. Merci, monsieur.

6 You and your friends Anne and Jean-Marc are preparing for a road trip. You have several suggestions on what to do before leaving. Write your suggestions.

EXAMPLE Achetons une carte!

> 1. prendre de l'eau
> 2. faire le plein
> 3. emporter des sandwiches
> 4. vérifier l'huile

1. _____
2. _____
3. _____
4. _____

7 Rosalie is going to spend the summer with the Vanecks, a Belgian family. Before she leaves, her parents give her recommendations on how to behave with her hosts. Can you guess what they tell her she should and shouldn't do?

	👍	👎
être gentille	Sois gentille!	
1. être méchante		
2. nous téléphoner		
3. ranger ta chambre		
4. rentrer tard		
5. être polie		
6. écouter Madame Vaneck		

French 3 Allez, viens!, Chapter 2

CHAPITRE 2 Première étape

■ DEUXIEME ETAPE

To express your enthusiasm or boredom, you'll need to know certain adjectives as well as direct and indirect object pronouns.

VOCABULAIRE   Adjectives to express enthusiasm and boredom

8 Read Mélanie's letter to Fatima, and then tell whether the following statements are true (**vrai**) or false (**faux**). Correct them in English if they are false.

> *Chère Fatima,*
>
> *Maintenant que je suis en vacances, j'ai le temps de lire beaucoup de bandes dessinées. J'en ai découvert de nouvelles à la bibliothèque. Il y en a des bonnes et des moins bonnes. Tu connais Jo et Zette? C'est marrant comme tout! Par contre, j'ai lu un Lisette. Ce que c'est bébé! Je lis pas mal de B.D. américaines. Garfield, par exemple. C'est un chat qui aime beaucoup manger. C'est rigolo. Il y a aussi les Peanuts. Ça, c'est plutôt rasant. Et Calvin et Hobbes, tu connais? C'est vraiment dingue comme B.D.! Une B.D. qui est plutôt de mauvais goût, c'est Les Jetsons.*
>
> *Si tu connais d'autres B.D. que tu peux me recommander, dis-le moi!*
>
> *A bientôt.*
>
> *Mélanie*

	Vrai	Faux

1. Mélanie thinks that *Calvin and Hobbes*® is boring.

   _____

2. She finds *The Jetsons*® in poor taste.

   _____

3. According to her, *Lisette*® is too childish.

   _____

4. Mélanie likes *Jo et Zette*® because it's colorful.

   _____

5. She thinks *Garfield*® is boring.

   _____

6. She finds *Peanuts*® pretty wild.

   _____

9 What would you say in the following situations? Use **C'est...** in your answers.

1. You're watching a very funny movie.

   _____

2. Your little sister is showing you a book of nursery rhymes.

   _____

3. You're attending a hockey game and you're very bored.

   _____

4. The comic strip you're reading is in poor taste.

   _____

---

*G*rammaire   Object pronouns and their placement

The use of object pronouns makes a conversation less repetitive. They replace important information that needs to be restated throughout a conversation.

- Use the direct object pronouns to replace a direct object that has been mentioned before: **me** *(me)*, **te** *(you)*, **le/l'** *(it, him)*, **la/l'** *(it, her)*, **nous** *(us)*, **vous** *(you)*, **les** *(them)*. Remember to make the past participles agree with direct object pronouns.
  - — Tu as lu le nouveau *Garfield?*   — Non, je ne **l'**ai pas encore lu.
- Use the indirect object pronouns to replace an indirect object that has been mentioned before: **me** *(to/for me)*, **te** *(to/for you)*, **lui** *(to/for him/her)*, **nous** *(to/for us)*, **vous** *(to/for you)*, **leur** *(to/for them)*.
  - — Tu as donné un cadeau à Marie?   — Je **lui** ai donné une B.D.
- Use the pronoun **en** to replace phrases like **de** + *a thing* or *things* that have already been mentioned.
  - — Tu avais des B.D. quand tu étais petit?   — Oui, j'**en** avais beaucoup.
- Use the pronoun **y** to replace phrases that mean *to, at,* or *in* any place that has already been mentioned.
  - — Tu as acheté la B.D. dans cette librairie?   — Oui, j'**y** achète toutes mes B.D.

---

10 Raphaël works in a bookstore that sells comic books. He's giving his customers advice on what to buy. Complete their conversations with the correct object pronouns.

1. — C'est l'anniversaire de ma sœur. Elle aime les B.D.

   — Achète-_____ un *Calvin et Hobbes*.

   — Ah oui, c'est une bonne idée!

2. — Mes cousins adorent les livres d'aventures.

   — Prends-_____ un *Superman®*.

   — Oui,... peut-être.

3. — *Astérix®* _____ branche, mais j'ai déjà toute la série.

   — Alors, achetez une vidéo d'*Astérix*.

   — Non. Les dessins animés _____ cassent les pieds!

m(e)	vous	le
leur	la	nous
lui	te	les

11 Tania and Clément are chatting after school. Complete their conversation with the correct object pronoun.

CLEMENT J'adore lire Tintin. Est-ce que tu connais Juliette? Elle est dans ma classe.

TANIA Oui, je **(1)** _____ connais bien. Elle **(2)** _____ téléphone tout le temps.

CLEMENT Eh ben, Juliette, elle a tous les albums de Tintin!

TANIA Et toi? Combien d'albums de Tintin tu as?

CLEMENT Je(J') **(3)** _____ ai trois.

TANIA Et Juliette **(4)** _____ prête *(lends)* les albums que tu n'as pas?

CLEMENT Oui, bien sûr. Mais je **(5)** _____ ai déjà tous lus, tu sais.

TANIA Moi non. Je me demande si elle **(6)** _____ prêterait ses albums. Je vais **(7)**_____ téléphoner pour lui demander. Dis, au fait, tu as lu le dernier *Lucky Luke*®?

CLEMENT Non. Et toi?

TANIA Ouais! Il est super! **(8)** Achète-_____! Il est en solde à la librairie du coin.

CLEMENT Bon. Je vais acheter l'album demain. J'adore *Lucky Luke.*

TANIA Et pendant que tu y es, regarde si le dernier *Calvin et Hobbes* est arrivé.

CLEMENT D'accord. Je peux **(9)** _____ acheter l'album. Tu **(10)** _____ donnes l'argent plus tard, si tu veux.

Object pronouns and their placement

Object pronouns have specific placement within a sentence.

Pronouns are usually placed before the conjugated verb. If the sentence is negative, they are placed between **ne** and the conjugated verb.

— Tonio cherche sa B.D.?   — Oui, il **la** cherche.

— Vous êtes allés à Philippeville?   — Non, nous n'**y** sommes pas allés.
— Tu as des B.D. de *Peanuts*®?   — Non, je n'**en** ai pas.

— Tu écris souvent à Lucien?   — Oui, je **lui** écris souvent.

If there is an infinitive in the sentence, the pronoun comes before the infinitive.

— On s'arrête à Charleroi?   — Oui, nous pouvons **y** vérifier l'huile.
— C'est Martin qui fait la vidange?   — Non, il n'aime pas **la** faire.

In affirmative commands and suggestions, put the pronoun after the verb, connected to it with a hyphen. In these cases, **me** and **te** change to **moi** and **toi.**

Vérifie-**la**!   Allons-**y**!   Téléphone-**moi** avant de te mettre en route.

---

12 Draw an arrow where the pronouns should be placed in each statement. Then write a word from the box that the pronoun could stand for.

1. (leur) Je parle de mes B.D. préférées. _____

2. (les) Je ai vues hier. _____

3. (en) Tu ne/n' connais pas? _____

4. (lui) Achète de la dentelle! _____

5. (y) Je vais retrouver des amis. _____

6. (le) Je vais visiter demain. Tu viens? _____

> le musée de la B.D.
> les marionnettes de Toone
> à la Grand-Place
> à mes copines des acteurs
> à ta petite amie

13 Claude, Dominique, and Thierry are on their way to Bruxelles to visit Dominique's friends. Complete their conversation by answering the questions and replacing only the indicated phrases with a pronoun.

| EXAMPLE | THIERRY | Tu as fait *le plein?* |
| | DOMINIQUE | Oui, <u>je l'ai fait.</u> |

CLAUDE Tu as vérifié *l'huile,* non?

DOMINIQUE **1.** Oui, _____.

THIERRY Et tu as vérifié *la pression des pneus* aussi?

DOMINIQUE **2.** Non, _____. On peut faire ça *à Philippeville.* D'accord?

THIERRY **3.** Oui, _____. Tiens, Claude. Tu connais bien *les amis de Dominique?*

CLAUDE **4.** Oui, _____. Et toi? Tu connais beaucoup *de ses amis?*

THIERRY **5.** (trois) _____ : Lucien, Marcel et Roger.

DOMINIQUE Ah oui! J'oubliais que tu connais Roger. Tu as rencontré Roger chez moi, non?

THIERRY Oui, c'est ça. Il y a longtemps que je ne parle ni à Roger ni à Lucien. Et toi Dominique, tu téléphones souvent *à Roger et à Lucien?*

DOMINIQUE **6.** Bien sûr, _____. Et toi, Claude?

CLAUDE **7.** Non, _____. Je suis beaucoup plus en contact avec Marcel. Toi aussi Thierry, non? Tu écris toujours des lettres *à Marcel?*

THIERRY **8.** Oui, _____. C'est un bon ami.

Object pronouns and their placement

When you need to use more than one pronoun in a statement (not a command), you must place them in the correct order with relation to one another. The table below presents the correct sequence of pronouns within a sentence.

me	le			
te	la	lui		
se	l'	leur	y	en
nous	les			
vous				

— Tu as acheté des BD pour ton frère?
— Oui, je **lui en** ai acheté trois.

— Vous avez acheté le cadeau à Bruxelles?
— Non, nous ne **l'y** avons pas acheté.

CHAPITRE 2 Deuxième étape

14 You and a friend have just seen a French movie. A baguette western! It had no subtitles and your friend is asking you to explain the dialogue in the main scene. There were many pronouns. Identify in French what each object pronoun or set of object pronouns replaced.

(Le bandit vient de sortir de la banque avec tout l'argent des gens du petit village. Le shérif est de l'autre côté de la rue.)

— Attends un peu, Bad Bart. Où tu vas avec tout cet argent?

1. — Je rentre chez moi. Le banquier m'a offert ce petit cadeau.
2. — Les cadeaux comme ça... il ne faut pas les accepter.
3. — Mais voyons, shérif Goodall. Le banquier voulait me le donner.
   — Je parie *(bet)* que tu connais des méthodes pour persuader les gens.
4. — Oui, j'en connais deux ou trois. Je vous dis la vérité *(truth)*. Demandez au banquier.
5. — Justement, j'ai l'intention de la lui demander tout de suite. Allons, entre dans la banque.
6. — Je ne veux pas y rentrer.
7. — C'était pas une demande. Je te l'ai ordonné *(ordered)*.

(Ils entrent dans la banque. Fin de la scène)

1. _____   4. _____   7. _____
2. _____   5. _____ _____
3. _____ _____   6. _____

15 You're trying to help your friend write a paragraph for her French homework. The sentences below come from her paragraph, which is too wordy. Rewrite her sentences using object pronouns. Don't forget to place them in the correct position in the sentence and in the appropriate order.

EXAMPLE   J'ai lu la B.D. dans le salon.

   Je l'y ai lue.

1. Moi et mes amies, nous achetons nos B.D. dans cette librairie.

   _____

2. Hier, Martine a acheté une B.D. de *Calvin et Hobbes* à Mireille.

   _____

3. Alexa parle toujours de ses B.D. préférées à Marie et Louise.

   _____

4. Blondine n'achète jamais de B.D. des *Peanuts*.

   _____

5. Nous avons vu un nouveau *Garfield* à la librairie.

   _____

6. Blondine a acheté beaucoup de B.D. à la librairie.

   _____

7. Maintenant, Blondine doit de l'argent à Julie.

   _____

8. Ma sœur et moi, nous voulons acheter le nouveau *Calvin et Hobbes*.

   _____

9. Je dois demander la permission à mes parents.

   _____

Nom _____ Classe _____ Date _____

3 Soyons responsables!

■ PREMIÈRE ÉTAPE

To grant or refuse permission and to express obligation, you'll need to remember the verb **devoir** and use the subjunctive. You might also need words for chores and personal responsibilities.

VOCABULAIRE Household chores

1 Are these people doing the following chores **indoors** or **outdoors?**

	Indoors	Outdoors
1. Ali arrose le jardin.	_____	_____
2. Monsieur Lupin fait le repassage.	_____	_____
3. Julien nettoie le parquet.	_____	_____
4. Clotilde débarrasse la table.	_____	_____
5. Blandine fait la lessive.	_____	_____
6. Francis ramasse les feuilles.	_____	_____
7. Norah fait la poussière.	_____	_____
8. Marc et Bruno enlèvent la neige.	_____	_____

2 There's a big concert in Montreux that everyone wants to see. These teenagers are asking for permission to go. Write what each parent says they must do first.

EXAMPLE   Larissa's father wants her to do the dishes first.
          Larissa, tu peux aller au concert si tu fais la vaisselle d'abord.

1. Matthieu's mother wants him to take out the dog.

_____

2. Murielle's mother would like her to rake the leaves.

_____

3. Gabriel's father wants him to wash the windows first.

_____

4. Hélène's father would like her to do the ironing before she goes.

_____

5. Pascal's mother wants him to vacuum first.

_____

3 Find eight hidden words related to house chores. Then use them to complete the sentences below.

1. Alain, après manger, n'oublie pas de

   débarrasser la _____ .

2. Je ne vois plus le soleil! Il est temps de

   laver les _____ .

3. Je vais dans le jardin tondre la

   _____ et ramasser

   les _____ .

4. Oh là là! Mes vêtements sont tous sales!

   Je dois absolument faire la _____ .

   Et ensuite, je devrai faire le _____ .

5. Regarde mes pauvres fleurs! Ça fait trois jours que je n'ai pas arrosé le _____ .

6. Regarde comme c'est sale par terre *(the floor)*. Tu devrais passer l'_____ avant que Maman rentre!

```
R  O  U  L  E  R  T  A  B  L  E  T
F  E  U  I  L  L  E  S  X  E  S  B
F  O  P  E  L  O  U  S  E  S  V  E
S  A  D  A  R  T  H  G  O  S  I  O
E  J  A  L  S  E  A  T  R  I  S  E
T  A  V  E  L  S  E  R  I  V  E  L
O  R  G  A  N  I  A  Z  R  E  P  E
I  D  A  L  V  R  E  G  I  E  N  T
T  I  R  O  V  I  T  R  E  S  E  T
B  N  I  E  V  E  R  O  L  E  U  R
S  K  I  L  E  T  R  A  U  T  I  L
A  S  P  I  R  A  T  E  U  R  C  O
```

4 Maxime is writing his Swiss pen pal René to tell him who does what at his house. Complete his letter with the correct words.

Salut René!

Cette fois-ci, je vais te parler un peu des responsabilités qu'on a à la maison. On est très organisés! En général, c'est mon père qui sort le (1) _____ et qui lave les (2) _____ dans toute la maison. Ma mère fait la (3) _____ et je t'assure qu'on mange très bien! Elle fait aussi la (4) _____ dans le salon et le (5) _____ pour toute la famille. C'est beaucoup de travail parce qu'on a beaucoup de vêtements. Mon frère et moi, on doit faire notre (6) _____ tous les jours avant de partir en classe. Et un jour sur quatre, c'est à moi de mettre la (7) _____ , de la débarrasser et de faire la (8) _____ après manger. C'est beaucoup de travail! Voilà! Et chez toi, tu fais ces choses aussi?

A bientôt,

Maxime

CHAPITRE 3 Première étape

Tu te rappelles❓ The verb devoir

Devoir *(must, to have to)* is an irregular verb. These are its forms.

Je **dois** sortir le chien.   Nous **devons** faire la cuisine.

Tu **dois** manger mieux.   Vous **devez** leur écrire.

Il/Elle/On **doit** dire la vérité.   Ils/Elles ne **doivent** pas mentir.

- The past participle of **devoir** is **dû**.

  Aujourd'hui, il **a dû** partir très tôt.

- **Tu devrais** *(You should)* is a form of **devoir**.

5 Emile and Dorothée's mother listed chores they have to do while she's away. Write what Emile would tell his friend about what they have to do. Use the verb **devoir** in each sentence.

> Emile :
> - Fais le repassage.
> - Nettoie la salle de bains.
> - Donne à manger au chien.

> Dorothée :
> - Passe l'aspirateur dans le salon.
> - Arrose le jardin.
> - Sors le chien.

> Emile et Dorothée :
> - Faites vos lits.
> - Préparez le déjeuner.
> - Mettez et débarrassez la table.

Je _____

_____

Dorothée _____

_____

Nous _____

_____

6 Monsieur Florentin is not happy with his sons. He told them to clean up the house, and they haven't done anything. Write what he would tell them they have to do using the verb **devoir.**

1. The grass is very high, and the plants need watering.

   Bruno, _____

   _____

2. Nathan's room is dusty.

   Nathan, _____

3. Bruno and Nathan didn't make their beds.

   Bruno et Nathan, _____

Grammaire   The subjunctive

So far, you've learned how to use verbs in the indicative mood. Another mood often used in French is the subjunctive. One use of the subjunctive is with certain phrases expressing obligation and will, such as **il faut que** and **vouloir que.**

> **Il faut que** tu **finisses** ton devoir de maths.
>
> **Je veux que** vous **laviez** les voitures.

- To make the present subjunctive of all regular and many irregular verbs, drop the ending of the **ils/elles** form of the present tense. Then add the endings -e, -es, -e, -ions, -iez, -ent.

débarrass~~ent~~	**-e**	Maman veut que je **débarrasse** la table.
finiss~~ent~~	**-es**	Il faut que tu **finisses** tes devoirs d'abord.
tond~~ent~~	**-e**	Je veux qu'elle **tonde** la pelouse.
part~~ent~~	**-ions**	Il faut absolument que nous **partions**.
écriv~~ent~~	**-iez**	Je ne veux pas que vous **écriviez** sur le mur!
conduis~~ent~~	**-ent**	Il faut qu'ils le **conduisent** à la gare.

7 Mme Salomé is going away for a few days. Before leaving, she wrote a note to her children. Circle the verbs that are in the subjunctive.

Mes chéris,

Me voilà partie pour quelques jours. Il faut que je finisse mon travail à Paris, bien sûr, mais je reviendrai jeudi, c'est promis! Je veux que vous écoutiez bien votre grand-mère pendant que je ne serai pas là. Si elle vous demande de ranger votre chambre, il faut que vous la rangiez. Ne lui laissez pas faire tout le travail. Il faut que vous mettiez la table et que vous la débarrassiez. Si Mamie veut que vous sortiez le chien, sortez-le! Je voudrais qu'à mon retour, elle me dise qu'elle est fière de ses petits-enfants. Vous devez aussi faire vos devoirs sans histoire. Et si je reçois des coups de téléphone, Caroline, il faut que tu répondes et que tu expliques que je serai de retour jeudi. Allez! Il faut que je parte.

Je compte sur vous, mes chéris.

Grosses bises,

Maman

8 You've had a party while your parents were gone. Now you have to clean up with the help of your friends. Assign tasks to everyone including yourself, using **je veux que…**, **il faut que…**, and the expressions suggested.

1. finir la vaisselle avant neuf heures

2. m'aider à ranger la cuisine

4. sortir la poubelle

3. passer l'aspirateur dans le salon

6. débarrasser la table

5. répondre au téléphone

8. partir à minuit au plus tard

7. ramasser les verres et les assiettes

1. Je veux que nous _____
2. Il faut que Ludo et Lucien _____
3. Je veux que tu _____
4. Il faut que je _____
5. Je veux qu'Agnès _____
6. Il faut que Thierry _____
7. Je veux que Florence et Norah _____
8. Il faut que vous _____

9 Answer the following questions, using **il faut que** and the subjunctive.

EXAMPLE   Marie doit rentrer avant minuit, non?
          Oui, il faut que Marie rentre avant minuit.

1. Est-ce que les Fromentin doivent tondre leur pelouse une fois par semaine?

_____

2. Tu penses que je dois nettoyer le parquet avant que mes parents arrivent?

_____

3. Nous devons arroser le jardin, non?

_____

4. Qu'est-ce que nous devons étudier en sciences nat pour lundi, le troisième chapitre?

_____

5. Vous devez ramasser les feuilles avant de tondre la pelouse?

_____

6. Est-ce que tu dois ranger ta chambre chaque week-end?

_____

Faire in the subjunctive

Faire has an irregular subjunctive stem, **fass-**. To form the subjunctive of **faire**, add the regular subjunctive endings to **fass-**.

Il faut que tu **fasses** la vaisselle. Je veux que vous **fassiez** vos devoirs.

---

10 You and your brother are planning a weekend trip, and you're writing to your friend who is going with you to inform him of all that you have to do before leaving. Complete the following letter with the appropriate subjunctive forms of **faire.**

Claude,

Avant de partir, mes parents veulent que je (1) _____ mes devoirs, mais ce n'est pas tout. Il faut aussi que mon frère (2) _____ la lessive. Ma mère veut aussi que mon frère et moi, nous (3) _____ la poussière dans toute la maison. J'ai demandé ironiquement : «Et le repassage?» Mon père qui était présent a répondu : «Tiens, pour une fois, pourquoi pas? Je voudrais bien que toi et ton frère, vous (4) _____ le repassage.» Il nous taquinait. Heureusement! Bon, on ne va pas avoir beaucoup de temps pour aller à la gare. Je voudrais que tu (5) _____ de ton mieux pour être à l'heure.

Dominique

11 Ludovic's friends come to him often with their problems or just to talk. Complete Ludo's advice or response to what his friends say. Choose the logical activity from the word box and make the necessary changes before using it. Use each activity only once.

| faire la lessive | faire la cuisine | faire le repassage | faire la vaisselle |
| faire la poussière | | | faire attention |

EXAMPLE   La maison est vraiment en désordre *(messy)*.
   Il faut que <u>vous fassiez le ménage.</u>

1. J'ai honte *(ashamed)*. Je n'ai plus de vêtements propres.
   Il faut que/qu' _____

2. Didier et Martine n'écoutent pas en classe et maintenant, ils ne comprennent rien.
   Il faut que/qu' _____

3. Ludo, il y a de la poussière partout. C'est pas à toi et à ton frère de faire le ménage?
   Il faut que/qu' _____

4. Regarde! Mireille porte encore un chemisier froissé *(wrinkled)*.
   Il faut que/qu' _____

5. Nous venons de manger et la vaisselle est sale.
   Il faut que/qu' _____

CHAPITRE 3 Première étape

Irregular verbs in the subjunctive

Some verbs, such as **prendre** and **venir**, have irregular subjunctive stems in the **nous** and **vous** forms. To make the **nous** and **vous** subjunctive stems of **prendre** and **venir**, use the present tense **nous** form and drop the **-ons**:

(nous) pren~~ons~~   →   Il faut que vous **preniez** le bus.

(nous) ven~~ons~~   →   Elle veut que nous **venions** à six heures.

The **je, tu, il/elle/on**, and **ils/elles** subjunctive stems of **prendre** and **venir** follow the regular pattern:

(ils) prenn~~ent~~   →   Je voudrais que tu **prennes** ton livre.

(elles) vienn~~ent~~   →   Il faut qu'elle **vienne** tout de suite!

12 Géraldine, Louise, and Noël are getting ready to spend the weekend at their relatives' house in the country. Complete their conversation, using **venir** and **prendre** in the appropriate forms.

GERALDINE Dépêche-toi! Il faut que nous **(1)** _____ (prendre) le train de cinq heures.

NOEL Oui, j'arrive. Et Claude? Il faut qu'il **(2)** _____ (venir) à la gare aussi, non?

GERALDINE Non. Ses parents ne veulent pas qu'il **(3)** _____ (prendre) le train

avec nous. Ils préfèrent qu'il **(4)** _____ (venir) en voiture avec sa

tante. Il faut qu'ils **(5)** _____ (prendre) l'autoroute s'ils veulent

arriver avant la nuit.

NOEL Eh! Au fait, n'oublie pas qu'il fait froid la nuit à la campagne. Il faut que tu

(6) _____ (prendre) nos pulls et des sacs de couchage.

GERALDINE Oui. Tu as raison. Et Louise et toi, il faudrait que vous **(7)** _____ (prendre) des pantalons.

13 Complete each phrase with the correct form of one of the verbs in the circle. Use a different verb each time.

viennent
prenne fassent
laviez arrose
finisse mettions
sortes tonde

1. que je _____ un sandwich

2. qu'il _____ sa leçon

3. qu'on _____ la pelouse

4. que vous _____ les vitres

5. qu'elles _____ chez moi

6. que tu _____ ce soir

7. qu'elle _____ le jardin

8. que nous _____ des pulls

9. qu'ils _____ leurs devoirs

CHAPITRE 3 Première étape

14 The Lemarchands have a busy weekend. The children want to go play and their parents want them to do some chores. Imagine M. and Mme Lemarchand's responses, using the chores or activities suggested with **je veux que...**

> **1. donner à manger au chien**   **3. laver la voiture**   **4. sortir le chien**
>
> **5. ramasser les feuilles**   **2. faire la vaisselle**   **6. prendre des fruits au marché**

EXAMPLE   «Papa, je peux aller chez Dominique?»
   Oui, mais avant, je veux que tu tondes la pelouse.

1. «Maman, je peux aller jouer au foot avec Hervé?»

_____

2. «Papa, tu veux bien que je sorte avec mes copains cet aprèm?»

_____

3. «Eh, ça te dérange si je vais au cinéma avec Céline à trois heures?»

_____

4. «Dis, Maman, je peux aller au café après les cours?»

_____

5. «Tu sais, Papa, il y a le cirque sur la place. Je peux y aller?»

_____

6. «J'aimerais aller à la piscine avec Julien, je peux?»

_____

15 You're at a summer camp, waiting for a new group to arrive. Your job is to organize new arrivals on the phone. Combine these words and phrases to tell everyone what must be done.

Il faut que	nous	venir vous chercher
Je veux que	Julie et Bertille	prendre des pulls
Je voudrais que	tu	venir aussitôt que possible
	Ali	venir en voiture
	vous	prendre du pain à la boulangerie
	Clément	venir avant lundi

_____

_____

_____

_____

_____

VOCABULAIRE   Personal responsibilities

16 Tomorrow is Sophie's first day at the **lycée.** Her mother is a little concerned and she's giving Sophie advice on how to behave in her new school. Complete her lecture.

respectes	vérité	tolérante	polie	aides
prudente	partages	décisions	prudemment	

«Tu sais, ma petite Sophie, au lycée, tu vas voir des élèves très différents de toi. Il faut que

tu sois **(1)** _____. Ce n'est pas parce qu'ils ne sont pas comme toi qu'il faut te moquer d'eux. Et puis, si tes camarades n'ont pas de crayons ou de stylos, donne-leur ce que

tu peux; il faut que tu **(2)** _____ tes affaires, d'accord? Si vous allez déjeuner au café à midi, n'oublie pas de regarder avant de traverser la rue. Il faut que tu sois

(3) _____. Les accidents, ça arrive! Quand un professeur te pose une question,

il faut que tu sois très **(4)** _____; dis «Monsieur» ou «Madame». Et si tu fais

quelque chose de mal, dis la **(5)** _____; ça ne sert à rien de mentir. Ah oui! Et puis, si tes camarades veulent que tu fasses quelque chose qui n'est pas bien, ne te laisse pas

influencer. Prends tes propres **(6)** _____.»

17 You've decided that some of your friends are not acting responsibly. Tell them how they should change their behavior, using **il faut que** in your statements.

1.
> J'ai une nouvelle voiture qui va très vite!

2.
> J'ai cassé l'appareil-photo de mes parents mais je ne veux pas leur dire.

3.
> Au lycée, j'adore faire le clown pendant les cours.

4.
> Quand les amis de mes parents me disent «bonjour», je ne leur réponds pas.

5.
> Mon petit frère veut toujours lire mes livres; mais ça, jamais!

CHAPITRE 3 Première étape

■ DEUXIEME ETAPE

To reproach and forbid irresponsible behavior, you'll need to know negative infinitives. You'll also need to know words related to social responsibilities to reject others' excuses.

> ### ■ Note de Grammaire   Negative infinitives
>
> To make an infinitive negative, place both **ne** and **pas** just before it. You can do the same with **ne... jamais** and **ne... rien.**
>
> Veuillez **ne pas fumer.**   Elle m'a dit de **ne rien** faire.
>
> Tu ferais mieux de **ne rien donner** aux animaux.

18 What rules is Monsieur Dumas giving his students at the beginning of the school year? Start each sentence with **Il leur dit de...**

1. Ne fumez pas! C'est mauvais pour la santé.

_____

2. Ne mangez rien en classe!

_____

3. Ne parlez jamais pendant que je parle!

_____

4. N'arrivez pas en retard!

_____

19 You're working in a park this summer and you need to make signs advising visitors what not to do. Use some of the words suggested to make two signs.

> de papier   prière de   manger   sur la pelouse   faire
> pas   veuillez   à gauche   rien   les animaux   nourrir   jeter
> ne   les arbres   tourner   mutiler   marcher

VOCABULAIRE Social responsibilities

20 Who would you reproach (a) and who would you compliment (b)?

1. _____ Charles partage sa voiture avec ses camarades.

2. _____ Lucie dit à ses parents de recycler les bouteilles en plastique.

3. _____ Anne-Florence gaspille l'eau.

4. _____ Annick prend souvent les transports en commun.

5. _____ Moussa fume.

6. _____ Elodie éteint les lumières derrière elle.

7. _____ Daniel utilise des aérosols pour nettoyer sa voiture.

8. _____ Juliette fait du bruit dans le parc.

9. _____ Ludovic veut cueillir des fleurs dans le parc pour Dominique.

21 Match each sentence with a logical response.

_____ 1. Tu as tort de faire du bruit.

_____ 2. Tu devrais protéger l'atmosphère!

_____ 3. Ce n'est pas bien de fumer.

_____ 4. Nous devons tous recycler.

_____ 5. N'oublie pas d'éteindre la télé!

_____ 6. Ne jette pas d'ordures par terre!

a. Il y a des poubelles pour ça!

b. Comme ça, ça crée moins d'ordures.

c. Il y a des gens qui dorment!

d. Partage ta voiture!

e. Il ne faut pas gaspiller l'énergie.

f. C'est mauvais pour la santé et l'air.

22 Write a note to a French friend, advising him or her on what to do to protect the environment. Name at least four things he or she must do and four things he or she shouldn't do. Start your recommendations with **Tu dois...** or **Tu ne dois pas...**

_____

_____

_____

_____

_____

_____

_____

_____

French 3 Allez, viens!, Chapter 3

CHAPITRE 4

Nom_____ Classe_____ Date_____

Des goûts et des couleurs

■ PREMIERE ETAPE

To give opinions about clothes and fashion, you'll need to know various items of clothing and words to describe them. To ask about and point out items of clothing, you'll need to use the interrogative and demonstrative pronouns.

◯ Si tu as oublié...   Clothing

1 Philippe works in a clothing store and must do the inventory. Help him by writing the items he finds in the proper category.

25 cardigans   **20 montres**   **13 manteaux**   **15 vestes**   **24 portefeuilles**

15 paires de boucles d'oreilles

18 ceintures

VETEMENTS	CHAUSSURES	ACCESSOIRES

12 maillots de bain

16 paires de sandales

11 jupes

20 pulls

17 paires de baskets

14 paires de lunettes de soleil

10 paires de bottes

23 bracelets   **12 blousons**   **24 chemisiers**

2 Draw a line to match the words from the top box with the words they're associated with from the bottom box.

| écharpe   casquette   portefeuille   maillot   chaussettes   montre |

| tête   heure   argent   froid   pied   piscine   intéressant   gros |

3 Your friends are talking about what to wear for various upcoming occasions. Suggest at least three things each of them should wear, using the expression **tu devrais mettre…**

> Claudine va à un mariage.

> Véronique va à la plage.

> Sébastien va au Québec en décembre. Il va faire froid.

> Julien va faire un pique-nique.

1. Sébastien, _____

2. Claudine, _____

3. Véronique, _____

4. Julien, _____

VOCABULAIRE   Clothing

4 Marina and Frédéric received a lot of clothes for Christmas. Unfortunately, their parents forgot to put tags on their gifts. Tell which ones are for Marina and which ones are for Frédéric.

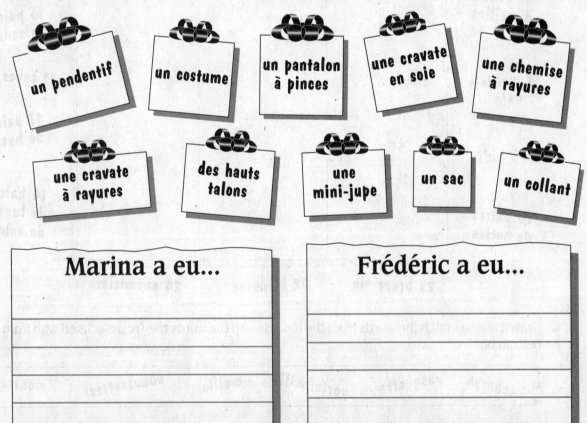

un pendentif · un costume · un pantalon à pinces · une cravate en soie · une chemise à rayures

une cravate à rayures · des hauts talons · une mini-jupe · un sac · un collant

Marina a eu...	Frédéric a eu...

French 3 Allez, viens!, Chapter 4

5 You're an artist for a magazine and you need to draw sketches based on the following fashion show report. Be as accurate and precise as possible.

La collection Gilbert Duval est de style cool cette année.

1. Les ensembles pour femmes sont simples et sport. Par exemple, ce caleçon écossais jaune et vert et ce tee-shirt forme tunique vert, le tout porté avec des sandales noires. Très jeune!

2. Ou alors cette mini-jupe à rayures bleues et blanches portée avec un pull rose et des hauts talons blancs.

3. Pour les hommes, on a remarqué un ensemble sport style anglais composé d'un pantalon à pinces marron, d'une chemise beige et d'un gilet en laine à rayures marron et jaunes, sans oublier les chaussures beiges. *Very chic indeed!*

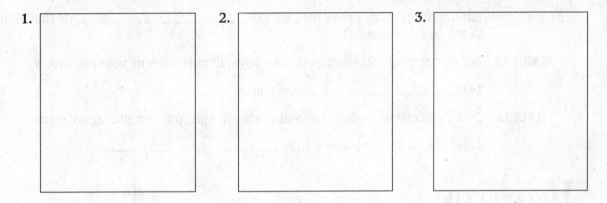

1.

2.

3.

6 Tell whether these statements go together logically (**oui**) or not (**non**). If they don't, replace the second statement with a logical one.

EXAMPLE Juliette va à la plage. Elle porte une robe en laine.   Non
          <u>Elle porte un maillot de bain.</u>

1. Grégoire est à un pique-nique. Il porte un costume noir et une cravate en soie rouge.   _____

_____

2. Stéphanie va au lycée. Elle a mis un col roulé et une mini-jupe écossaise.   _____

_____

3. Cécile joue au tennis. Elle porte une robe à col en V et des chaussures à hauts talons.   _____

_____

4. Annie va au mariage de sa tante. Elle porte un caleçon noir et un tee-shirt.   _____

_____

5. Julien va au cinéma avec ses copains. Il porte un pantalon à pinces et une chemise.   _____

_____

7 Rachel and Marieke are talking about how their friends have dressed for their cousin's wedding. Complete their conversation.

robe	col roulé	mini-jupe	gilet
pantalon			
costume	bottes	sandales	hauts talons

MARIEKE   Elle te plaît, la (1) _____ d'Aurélie?

RACHEL   Ouais! Je la trouve super! J'aime bien les cols en V.

MARIEKE   Et qu'est-ce que tu penses de ses (2) _____?

RACHEL   Je n'aime pas ce genre de chaussures. C'est trop difficile de marcher avec. Et puis, ça fait trop vieux. Mais j'aime bien les (3) _____ de Guillaume. Et toi, qu'en penses-tu?

MARIEKE   Bof. Je trouve qu'elles font trop «cow-boy». Et puis, elles ne vont pas avec son

(4) _____ à pinces.

RACHEL   Oui. Tu as raison. Ça fait vraiment cloche. Et puis, pour un mariage, c'est pas

assez chic. Il devrait porter un (5) _____.

VOCABULAIRE   Adjectives for clothing

8 Hugues and Etienne are shopping together. Hugues doesn't like to shop and doesn't see anything he likes. Etienne loves to shop and thinks everything is great. Decide whether Hugues (**H**) or Etienne (**E**) makes each of these statements.

1.   Je trouve ce pantalon génial, pas toi?

_____

3.   Ce costume est vraiment classe!

_____

5.   Elle te plaît, cette cravate? Elle est ringarde, non?

_____

2.   Ce gilet est tape-à-l'œil, je trouve.

_____

4.   Oh, dis donc, regarde ce pull! Il est affreux!

_____

6.   Cette chemise est délirante!

_____

9 Jennifer filled out a fashion survey she saw in **Paris Branché**. Read the survey and answer the questions that follow in English.

SONDAGE MODE

Quel est ton style? Pour savoir si tu es branché, classique ou plutôt cool, fais le test suivant.

	délirant	classe	sérieux	vulgaire	ringard	affreux
les caleçons	X					
les hauts talons						X
les cols roulés					X	
les bottes en cuir				X		
les pantalons à pinces		X				

1. What does Jennifer think of high heels?

_____

2. Does she like leather boots? Why or why not?

_____

3. What clothing item does she find classy?

_____

4. What does she think about turtleneck sweaters?

_____

5. What does she consider wild?

_____

10 Your friends are asking your opinion of some things they've just bought. Give them your sincere opinion, starting your statements with **c'est...** or **ça fait vraiment...**

1. Matilde porte une mini-jupe rouge, un chemisier jaune et des bottes rouges. Tu aimes ça?

_____

2. Julien porte un costume gris et une cravate à rayures grises et blanches. Tu aimes ça?

_____

3. Jean-Marc porte un pantalon à pinces beige, une chemise marron. Tu aimes ça?

_____

4. Salima porte une robe à pois de toutes les couleurs et des hauts talons rouges. Tu aimes ça?

_____

5. Francis porte un pantalon vert trop court, une grande chemise écossaise. Tu aimes ça?

_____

11 You and your friend Sacha don't have the same tastes at all. Whenever Sacha has an opinion on clothes, you think exactly the opposite. Complete your part of the following conversation.

SACHA   Oh, dis donc! Il est chic, ce costume, tu ne trouves pas?

TOI   Mais non, **(1)** _____.

SACHA   Tu as vu ces bottes? Elles sont vraiment ringardes.

TOI   Mais non, **(2)** _____.

SACHA   Ton pantalon est trop sérieux, tu sais.

TOI   Mais non, **(3)** _____.

SACHA   Elle est géniale, cette casquette!

TOI   Mais non, **(4)** _____.

SACHA   Ah non! Ma cravate est trop sobre!

TOI   Mais non, **(5)** _____.

SACHA   Oh, il est affreux, ce gilet. Tu ne trouves pas?

TOI   Mais non, **(6)** _____.

12 Perrine and Larissa are trying to find something to wear to a party. Complete their conversation with the appropriate adjectives. Don't forget to make any necessary changes to the adjectives.

| court | démodé | branché | serré |
| large | | horrible | |

— Comment tu trouves mon pattes d'eph?

— Il est **(1)** _____. C'est la mode cette année.

— Qu'est-ce que tu penses de ces chaussures?

— Celles-là? Elles sont **(2)** _____! Je déteste ce genre de chaussures!

— Regarde! Ma mini-jupe est trop **(3)** _____! Je suis sûre que j'ai grossi!

— Tu crois que ma robe est trop **(4)** _____ maintenant?

— Oui. Tu as maigri, non?

— Tu trouves que c'est branché, les caleçons?

— Non, pas vraiment. En fait, je les trouve **(5)** _____.

— Dis donc, tu as grandi cette année.

— Ouais! Il est trop **(6)** _____, ce pantalon!

Grammaire   Interrogative pronouns

To ask *which one,* use the interrogative pronoun **lequel** to refer to a masculine noun and **laquelle** to refer to a feminine noun.

— J'aime bien cette robe.   — Qu'est-ce que tu penses de ce pantalon?
— **Laquelle?**   — **Lequel?** Le noir ou le vert?

To ask *which ones,* use the interrogative pronoun **lesquels** to refer to a masculine plural noun and **lesquelles** to refer to a feminine plural noun.

— Ils te plaisent, ces pulls?   — **Lesquelles** de ces boucles d'oreilles
— **Lesquels?**   est-ce que tu préfères?

13 While shopping in a department store, you overhear these statements. Write the letter of the correct response.

_____ 1. «J'aime beaucoup ces chaussures. Pas toi?»

_____ 2. «Tu devrais essayer ce pantalon.»

_____ 3. «Tu as vu la fille qui porte la robe rouge?»

_____ 4. «Il est classe, ce sac, non?»

_____ 5. «Tu vois le garçon au gilet bleu?»

_____ 6. «Elles sont super, ces cravates.»

_____ 7. «Regarde cette mini-jupe. Tu n'aimes pas?»

_____ 8. «Ils sont sympas, ces deux garçons.»

a. «Lequel?»

b. «Laquelle?»

c. «Lesquels?»

d. «Lesquelles?»

14 Marcus and his sister Sylviane are shopping together. Marcus is distracted and gets confused about which items Sylviane is talking about. Number the sentences in their conversation in the correct order.

_____ 1. — Là! Ces gants-là! Réveille-toi, Marcus! Et puis, cette jupe aussi...

_____ 2. — Euh... Lequel? Je ne le vois pas...

_____ 3. — Dis, tu as vu ces chaussures? Elles sont belles, non?

_____ 4. — Ah oui?... Lesquelles?

_____ 5. — Non, celle à pois.

_____ 6. — Lesquels?

_____ 7. — Le bleu, là! Dis donc, j'aimerais bien avoir des gants comme ça!

_____ 8. — Les noires et rouges, là. Oh! Et ce caleçon, il est super chouette, non?

_____ 9. — Laquelle? La jupe écossaise?

Demonstrative pronouns

Use a demonstrative pronoun to say *this one, that one, these,* or *those*. Remember to make the pronoun agree in gender and number with the person or thing it refers to.

	masculine	*feminine*
singular	celui-là	celle-là
plural	ceux-là	celles-là

— Tu aimes cette ceinture?
— Laquelle?
— **Celle-là**, sur le pantalon noir.

— Ces bottes sont affreuses!
— Lesquelles?
— **Celles-là**, devant toi.

15 Françoise is shopping with her mother. Choose Françoise's answer to each of her mother's questions.

_____ 1.

Quelles lunettes tu vas acheter finalement?

a.

Celui-là.

_____ 2.

Quel caleçon tu vas prendre?

b.

Celles-là.

_____ 3.

Tu peux choisir deux pulls. Lesquels tu veux?

c.

Celle-là.

_____ 4.

Quelle jupe est-ce que tu préfères?

d.

Ceux-là.

_____ 5.

Lequel de ces pantalons tu veux?

16 Charlotte and Soumia are going through Charlotte's closet. Complete their conversation, using interrogative and demonstrative pronouns.

SOUMIA   Oh, dis donc! Elle est classe, ta mini-jupe!

CHARLOTTE   **(1)** _____? J'en ai beaucoup.

SOUMIA   **(2)** _____, la rouge.

CHARLOTTE   Ah oui? Tu la veux? Je ne la porte jamais. J'aime mieux mes autres mini-jupes.

SOUMIA   **(3)** _____?

CHARLOTTE   **(4)** _____, la bleue et blanche et la verte à pois. Tu aimes ces pulls?

SOUMIA   **(5)** _____? Les deux noirs? Ils sont hyper cool!

CHARLOTTE   Non. **(6)** _____. Le jaune et l'orange. Moi, je les trouve tape-à-l'œil. Je ne les porte jamais. Tu les veux?

SOUMIA   Oui! Moi, je les trouve délirants! Et ce gilet, je peux l'avoir? Il est chic.

CHARLOTTE   **(7)** _____? Mon gilet en soie?

SOUMIA   Non, **(8)** _____.

CHARLOTTE   Oui. D'accord. Je ne le mets jamais. Il est trop ringard.

17 Axcelle and Jérôme are looking at a catalog and pointing out the clothes they like and dislike. Recreate their conversations. Be sure to use all the elements given in the chart below.

jupe	lequel	celui-là
chaussures	laquelle	celle-là
gants	lesquels	ceux-là
costume	lesquelles	celles-là

1. — Qu'est-ce que tu penses de ces _____ bleues?

   — _____

   — _____

2. — Elle te plaît, cette _____?

   — _____

3. — Comment tu trouves ces _____?

   — _____

   — _____

4. — Tu n'aimes pas ce _____?

   — _____

■ DEUXIEME ETAPE

To compliment or reassure someone about a hairstyle, you'll need to know the names of some different styles. You might also need to know how to use the causative **faire**.

VOCABULAIRE   Hair and hairstyles

18 Marie-Bertille works at a hair salon. She wrote herself a note to remember what each of her customers wants to have done. Fill in the chart that follows, based on Marie-Bertille's note.

> *Samedi matin*
>
> *Mme Lopez : permanente*   *M. Florentin : shampooing et coupe*   *Lian : frange*
>
> *Stéphane : coupe en brosse*   *Clotilde : shampooing et coupe au carré*

	Mme Lopez	M. Florentin	Stéphane	Clotilde	Lian
shampoo					
perm					
haircut					
bangs					
crew cut					
square cut					
moustache					

19 Marie-Bertille forgot to write herself a note today. Help her decide what her customers might mention, based on whether they are men or women.

FEMMES		HOMMES
_____	la moustache	_____
_____	un chignon	_____
_____	une coupe en brosse	_____
_____	se maquiller une natte	_____
_____	une queue de cheval	_____
_____	la barbe des pattes	_____
_____	une permanente	_____
_____	se teindre	_____

French 3 Allez, viens!, Chapter 4

20 These people are having their hair done today. Guess what each person said to the hairdresser, based on what they want. Write a possible statement each person would make.

> Monsieur Lesieur has long hair. He needs a very short cut for the summer.
>
> Madame Vignot is going out tonight. She needs something elegant.
>
> Julie wants bangs.
>
> Monsieur Levasseur has a beard.
>
> Florence wants a square cut.
>
> Madame Desroches wants her hair curlier.

1. Mme Vignot

_____

_____

_____

3. M. Levasseur

_____

_____

_____

5. Julie

_____

_____

_____

2. Mme Desroches

_____

_____

_____

4. M. Lesieur

_____

_____

_____

6. Florence

_____

_____

_____

21 Complete the following sentences with the correct expressions from the box.

> les cheveux courts
>
> une coupe au carré
>
> un chignon
>
> les cheveux teints
>
> une barbe
>
> les cheveux longs et raides
>
> les cheveux frisés

1. Pocahontas® a _____.

2. Wilma Flintstone® a _____.

3. Tintin® a _____.

4. Marge Simpson® a _____.

5. Le père Noël (Santa Claus) a _____.

6. Annie® a _____.

Grammaire   The causative faire

To say that you're having something done, use the verb **faire** followed by the infinitive of the verb that describes the action being done.

> Je **fais nettoyer** mon costume tous les mois.   Tu **as fait réparer** ta voiture?
> *I have my suit dry-cleaned every month.   Did you have your car repaired?*

- When the verb describing the action being done is reflexive, the reflexive pronoun goes just before **faire**.

> Ils **se font couper** les cheveux chez Jean-Louis David®.
> *They have their hair cut at Jean-Louis David's salon.*

- Remember, in the **passé composé**, the reflexive pronoun goes before the helping verb.

> Une fois, je **me suis fait faire** une permanente. C'était délirant!
> *Once I had my hair permed. It was wild!*

22 Unscramble these sentences.

1. de temps en temps / friser / je / fais / me

   _____

2. des / as / pression / vérifier / la / est-ce que / fait / pneus / tu

   _____

3. la / vas / frange / faire / tu / couper / te

   _____

4. fais / je / cheveux / aujourd'hui / couper / me / les

   _____

5. faut / chaussures / fasse / mes / il / je / que / réparer

   _____

6. la / il / fait / barbe / raser / s'est

   _____

23 These people have changed their hairstyles and their friends are complimenting and reassuring them. Complete their statements, using the **passé composé**, the causative **faire**, and the verbs in parentheses.

1. «Tiens, Julie. Tu _____ (se couper) les cheveux? Je te trouve très bien comme ça.»

2. «Comment tu trouves ma nouvelle coiffure? Je _____ (se faire) une permanente.»

3. «Elodie, tu _____ (se friser)? Tu es très jolie comme ça!»

4. «Tu _____ (se teindre) les cheveux? Super! C'est tout à fait toi.»

CHAPITRE 5

C'est notre avenir

■ PREMIERE ETAPE

To talk about what you intend to do and what might happen in your future, you'll need to know words related to various stages of life and how to use the future tense.

VOCABULAIRE   Future choices and plans

1 Tell whether the people on the left have experiences similar to (=) or different from (≠) the people on the right.

1. Marie est au chômage.	5	Christophe a trouvé du travail.
2. Adama a fini ses études.		Serge a obtenu son diplôme.
3. Lucien a arrêté ses études à l'âge de seize ans.		Marianne a réussi son bac.
4. Julie est entrée à l'université.	2	Nathalie a fini ses études.
5. Yann a fait son service militaire.		Catherine a fait un apprentissage.

2 Several former students from the **Lycée Henri IV** are meeting after a couple of years. Complete their statements with a logical choice from the box.

> études   marié   métier   permis de conduire   chômage
>
> quitter ma famille   service militaire

1. «Mes parents habitent à Saint-Louis et je voulais aller à l'université. Donc, j'ai dû _____.»

2. «J'ai été au _____ pendant presque un an! C'est vraiment difficile de trouver du travail à Dakar.»

3. «Mes parents m'ont donné leur vieille voiture, alors j'ai décidé de passer mon _____.»

4. «J'ai finalement choisi un _____ qui m'intéresse. J'ai décidé d'être ingénieur.»

5. «Comme j'avais 18 ans, j'ai dû faire mon _____. Je peux te dire que l'armée, ce n'est pas pour moi!»

6. «J'ai rencontré une fille formidable dans mon école technique et dix mois plus tard, je me suis _____!»

3 Read Siméon's letter to his old friend Bosco and write at least eight things that have happened to Siméon, using the expressions you've learned.

> Mon cher Bosco,
> Ça fait tellement longtemps qu'on ne s'est pas parlé. Tu sais, en quatre ans, il s'est passé beaucoup de choses. D'abord, j'ai fini le lycée avec succès. J'ai dû partir à l'armée deux mois plus tard. Après l'armée, j'ai rencontré Fatou et on s'est fiancés. Le mariage a suivi presque immédiatement. J'ai commencé des études pour devenir électricien. Je suis allé dans une école formidable à Dakar où, après un an,

> j'ai pu apprendre l'électricité dans une vraie compagnie. L'année dernière, j'ai fini mes études. Au début, je n'ai pas eu de travail pendant deux longs mois. Mais maintenant, je travaille pour une grande compagnie dans le sud de Dakar. Ah oui, ma femme et moi, on a eu une fille. Elle s'appelle Salima. Voilà. Tu sais tout. A toi de me dire ce qui se passe dans ta vie. Ecris-moi vite!
>
> Siméon

Il a réussi son bac.

_____

_____

_____

_____

_____

_____

4 Tell what these young people are planning to do after the **bac**, based on their likes and dislikes. Start your answers with **Il/Elle compte…**

1. Félix loves repairing cars and would like to be a mechanic.

   _____

2. Yasmina would like to become a professor.

   _____

3. Agnès doesn't really like college. She'd rather start working.

   _____

4. Lamine wants to become a truck driver, but he can't drive.

   _____

Tu te rappelles? Subjunctive forms

To form the subjunctive, take the -**ent** off the present tense of the **ils/elles** form of the verb. Then add the endings -**e**, -**es**, -**e**, -**ions**, -**iez**, and -**ent**.

- Remember that some verbs, such as **venir** and **prendre**, use two stems. For the **nous** and **vous** forms, use the present tense **nous** form of the verb, take off the -**ons**, and add the appropriate ending (**nous prenons → nous prenions**). The other forms use the regular stem (**ils prennent → je prenne**).

- Remember that some verbs like **faire** use irregular stems (**fass-**) with the regular endings.

- You've learned to use the subjunctive after **il faut que** and **vouloir que**. You'll also need to use the subjunctive after the expressions **il se peut que...**, and **il est possible que...**

5 Complete these statements using the correct subjunctive form of the most logical expression from the box below.

> finir vos études   passer son permis de conduire   entrer à l'université
> se marier   visiter des marchés d'artisans
> faire une école technique   quitter sa famille

1. Si tu vas au Sénégal pour les vacances, il se peut que tu _____

_____.

2. Si je réussis mon bac, il est possible que je (j') _____

3. Il s'est fiancé avec Dominique. Il est possible qu'ils _____

_____.

4. Il veut être mécanicien. Il se peut qu'il _____

_____.

5. Elle a trouvé du travail dans une autre ville. Il est possible qu'elle _____

6. Vous êtes étudiants en quatrième année. Il se peut que vous _____

7. Nicole veut devenir chauffeur de taxi. Il est possible qu'elle _____

_____.

6 These teenagers are discussing what might happen in the years to come. Complete the sentences using the subjunctive.

EXAMPLE   Peut-être que je vais entrer à l'université l'année prochaine.
                Il est possible que j'entre à l'université l'année prochaine.

1. Peut-être que Francine va trouver un travail.

   Il se peut que _____

2. Peut-être que tu vas te marier.

   Il est possible que _____

3. Peut-être que je vais finir mes études.

   Il se peut que _____

4. Peut-être qu'ils vont faire un apprentissage l'année prochaine.

   Il se peut que (qu') _____

5. Peut-être que nous allons prendre des vacances en juin.

   Il est possible que _____

7 Séka is talking about what might happen in the future. Complete the statements below by choosing the right phrase from the box.

fassions le service militaire   vais entrer à l'université

passer mon permis de conduire   arrête ses études

                                                                    soyez gentil

vendent leur voiture   allons travailler

finisse mes études cette année

                        faire une école technique

1. J'ai acheté une voiture et je tiens à _____.

2. Si je réussis mon bac, je _____.

3. Il se peut que mes parents _____.

4. Il faut que nous _____.

5. J'aime travailler avec de grandes machines. Je compte _____.

6. Ma mère veut que je _____.

7. Tonio n'aime pas l'école. Il est possible qu'il _____.

8. Cet été? Peut-être que nous _____.

Grammaire   The future

When you want to talk about what *is going* to happen soon, you can use **aller** and an infinitive. When you're referring to something that *will* happen in the future, use the future tense.

L'année prochaine, je **quitterai** ma famille et j'**entrerai** à l'université.
will leave   *will start*

- To form the future tense, add the endings -**ai**, -**as**, -**a**, -**ons**, -**ez**, -**ont** to the future stem. The future stem of most verbs is the infinitive form.

  choisir   Plus tard, je **choisirai** un métier.
  travailler   Un jour, je **travaillerai** avec mes parents.

- Drop the final -**e** from infinitives ending in -**re** before adding the endings.

  apprendre̸   Au Sénégal, j'**apprendrai** sûrement à parler français.

8 Adja, Aïcha, and Bertrand have similar ideas about their future. Bertrand is uncertain about his intentions, while Adja and Aïcha are sure about what they'll do. Complete their dialogue.

EXAMPLE   BERTRAND   Il est possible que je passe mon permis de conduire.

ADJA   <u>Moi, je passerai mon permis de conduire.</u>

BERTRAND   Il se peut que je vende mon vélomoteur.

ADJA   **(1)** Moi, je _____

BERTRAND   Il est possible que j'achète une voiture l'année prochaine.

AICHA   **(2)** Moi, je/j' _____

BERTRAND   Je vais peut-être chercher un travail pour l'été.

ADJA ET AICHA   **(3)** Nous _____

BERTRAND   Il est possible que j'entre à l'université.

ADJA   **(4)** Moi, je ne/n' _____ pas _____

mais Aïcha _____

BERTRAND   Il se peut que je quitte ma famille.

AICHA   **(5)** Moi, je _____

BERTRAND   Il se peut que je parte en Afrique pour un an.

ADJA ET AICHA   **(6)** Nous _____

BERTRAND   Il est possible que je me marie un jour.

ADJA ET AICHA   **(7)** Nous ne _____ pas.

BERTRAND   Il se peut que je choisisse un métier cette année.

AICHA   **(8)** Moi, je _____

9 Etienne and his friends are making resolutions to do things they've been putting off. Complete their statements, using the appropriate form of the future tense.

1. «On n'est pas encore partis en vacances. On _____ en juillet.»

2. «Je n'ai pas encore vérifié mes pneus. Je les _____ le mois prochain.»

3. «Je n'ai pas encore passé mon permis de conduire. Je le _____ à la rentrée.»

4. «Au fait, Etienne, tu n'as pas encore vendu ta bicyclette?! Tu la _____ ce mois-ci, j'espère!»

5. «Dites, Monsieur Simenon, vous n'avez pas encore fini votre roman? Vous le _____ quand, vous croyez?»

6. «Ils n'ont pas encore trouvé d'appartement, mais je suis sûre qu'ils en _____ un ce mois-ci.»

7. «Tu sais, nous n'avons jamais pris le TGV. Nous le _____ un jour, à l'occasion.»

10 Bertille wrote a letter to Constance to let her know about her plans for next year. Complete Bertille's letter with the future tense of the verbs in parentheses.

C'est bientôt le bac! Si je réussis mon bac, j'**(1)**_____ (entrer) peut-être à l'université en septembre. Si je décide d'aller à l'université, je **(2)** _____ (quitter) ma famille. Ça me fait un peu peur. A part ça, peut-être que Li et moi, nous **(3)** _____ (travailler) avec les parents d'Ousmane cet été. Et toi et Jean, vous **(4)** _____ (chercher) du travail?

Ah! Je ne t'ai pas dit? Si tout se passe comme prévu, Ousmane et ma sœur **(5)** _____ (se marier) en septembre. Et puis, peut-être que je **(6)** _____ (passer) mon permis de conduire en juillet. C'est le cadeau de Papa et Maman si je réussis mon bac. Super, non? Ah, j'oubliais. Mon frère **(7)** _____ (finir) son service militaire en août. Si c'est possible, on **(8)** _____ (organiser) une fête pour lui. A son retour, peut-être qu'il **(9)** _____ (trouver) un travail. Et toi, alors? Tu as décidé? Est-ce que tu **(10)** _____ (entrer) à l'université ou est-ce que tu **(11)** _____ (arrêter) tes études? Ecris-moi vite pour tout me raconter.

Irregular future stems

Some verbs have an irregular stem in the future. These are the most common ones.

(être) je **ser**ai	(devoir) on **dev**ra	(pouvoir) je **pourr**ai
(avoir) tu **aur**as	(vouloir) nous **voud**rons	(voir) tu **ver**ras
(faire) il **fer**a	(venir) vous **viend**rez	(envoyer) il **enver**ra
(aller) elle **ir**a	(devenir) ils **deviend**ront	(savoir) elle **saur**a

To form the future of these verbs, add the regular future ending to the stem.

Je crois que j'**irai** à Saint-Louis le mois prochain.

Ils **feront** un apprentissage l'année prochaine.

---

11 Complete the sentences below by choosing the correct form from the box.

auront	irez	fera	viendront	serai	enverras	verra	saurons	pourra

(1) Je _____ prof.

(2) Tu _____ la lettre.

(3) Il _____ son lit.

(4) Elle _____ un film.

(5) On _____ s'amuser.

(6) Nous _____ la vérité.

(7) Vous _____ au café.

(8) Ils_____ ?

(9) Elles_____ un chat.

12 Your friends are worried about the future. Reassure them by telling them that they'll be able to do whatever they want. Use **Je suis sûr(e) que...** and the future tense in your answers.

1. «Li et moi, nous voudrions faire un grand voyage mais c'est tellement cher!»

   «Je suis sûr(e) que vous _____»

2. «Je veux faire une école technique l'année prochaine mais je ne sais pas si je pourrai.»

   «Je suis sûr(e) que tu _____»

3. «Tonio veut devenir professeur mais il ne sait pas si c'est possible.»

   «Je suis sûr(e) qu'il _____»

4. «Tu adores les enfants. Tu aimerais en avoir beaucoup plus tard?»

   «Je suis sûr(e) que je (j') _____»

5. «Toi et moi, nous voudrions aller étudier en France. Non?»

   «Je suis sûr(e) que nous _____»

6. «Dominique et Claude voudraient se marier cet été.»

   «Je suis sûr(e) qu'ils _____»

7. «Marie–Laure voudrait être ingénieur.»

   «Je suis sûr(e) qu'elle _____»

13 You wrote in to your favorite soap opera, **Nos jeunes années**, and won the chance to meet the actors and help write the script. Write your suggestions for what will happen to these characters.

Nos jeunes années
Personnages principaux

PERSONNAGES :

1. Cinthya, 21 ans, cheveux blonds, yeux bleus;
   Eric, 23 ans, cheveux châtains, yeux marron;
   frère et sœur très riches; ont récemment reçu un gros héritage.

2. Mickaël, 24 ans, cheveux bruns, yeux bleus;
   est tombé fou amoureux de Cinthya.

3. Erica, 18 ans, cheveux roux, yeux verts;
   passionnée par les études; veut devenir médecin.

4. Marin, 17 ans, cheveux châtains, yeux bleus;
   a décidé d'arrêter le lycée et ne sait pas quoi faire.

5. Pauline, 25 ans, cheveux blonds, yeux marron;
   Matthieu, 27 ans, cheveux noirs, yeux noirs;
   jeunes mariés; adorent les enfants.

6. Juliette, 18 ans, cheveux bruns, yeux noirs;
   veut apprendre à conduire; a commencé à prendre des leçons.

7. Elisa, 18 ans, cheveux roux, yeux marron;
   Hélène, 19 ans, cheveux blonds, yeux verts;
   étudiantes; vont aller vivre à Paris.

8. Pierre, 17 ans, cheveux châtains, yeux bleus;
   adore les voitures; veut devenir mécanicien.

1. _____

2. _____

3. _____

4. _____

5. _____

6. _____

7. _____

8. _____

■ DEUXIEME ETAPE

To talk about your future plans and give advice about careers, you'll need to know the names of professions, be able to use the conditional, and ask questions in a formal register using inversion.

VOCABULAIRE   Careers

14 Unscramble these words that name professions. Then use them to complete the statements that follow.

1. c h a a i e r p n m ☐☐☐☐☐☐☐☐☐☐

2. o e t a b c l m p ☐☐☐☐☐☐☐☐☐

3. n é c i n i m a c e ☐☐☐☐☐☐☐☐☐☐

4. r o p e f s s r e u ☐☐☐☐☐☐☐☐☐☐

5. t h e c r i c a t e ☐☐☐☐☐☐☐☐☐☐

6. f e i n i i r è r m ☐☐☐☐☐☐☐☐☐☐

a. Elle travaille dans un hôpital. Elle est_____.

b. Il travaille dans une école. C'est un_____.

c. Il vend des médicaments. Il est_____.

d. Elle calcule toute la journée. Elle est_____.

e. Elle fait des plans pour construire des maisons. C'est une_____.

f. Il répare les voitures. Il est_____.

15 Match these statements with their logical completions.

_____ 1. J'ai fait une école technique.   a. Je suis chauffeur.

_____ 2. Je fais des costumes.   b. Je suis professeur.

_____ 3. J'ai un MBA.   c. Je suis ingénieur.

_____ 4. J'adore conduire!   d. Je suis technicienne.

_____ 5. Je suis fort en maths et j'aime construire des machines.   e. Je suis dentiste.

f. Je suis tailleur.

_____ 6. Je donne des cours dans un lycée.   g. Je suis femme d'affaires.

CHAPITRE 5 Deuxième étape

16 The school guidance counselor is giving advice to students about possible careers. Complete her statements to solve the puzzle below.

HORIZONTALEMENT

1. «Tu ferais bien d'étudier la physionomie de la bouche si tu veux être _____.»

2. «Martin, pour être _____, il faudrait que tu sois fort en chimie.»

3. «Si tu aimes écrire des histoires, tu n'as qu'à devenir _____.»

4. «Pour l'été, je veux être _____ dans un restaurant.»

VERTICALEMENT

5. «Si tu aimes les avions, tu devrais devenir _____.»

6. «Tu n'as qu'à devenir _____ si tu aimes travailler avec des jeunes.»

7. «Sylvie, pour être _____, il faudrait que tu fasses un apprentissage dans un garage.»

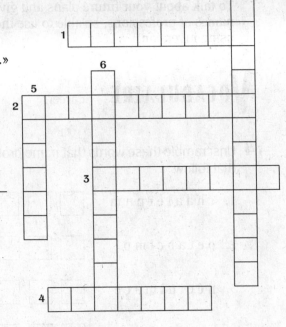

17 You're playing a game with your friends. They're describing their future professions and you have to guess what they are. Start your guesses with **Tu seras…**

1. *Martine*
Je donnerai des cours au lycée.

_____

2. *Lucie*
Je travaillerai dans une usine (factory). Je fabriquerai des voitures.

_____

3. *Gisèle*
Je vais attraper des criminels.

_____

4. *Philippe*
Je travaillerai dans un restaurant. J'apporterai à manger aux clients.

_____

5. *Gérard*
Je ne serai pas médecin, mais presque. Je me spécialiserai dans les dents.

_____

6. *Arnaud*
Je réparerai les conduites d'eau dans les cuisines et les salles de bains.

_____

French 3 Allez, viens!, Chapter 5

Grammaire   The conditional

If you want to tell what you *would* do under certain conditions, use the conditional.

> J'adore les enfants. Je crois que je **serais** un bon médecin.
> Ce **serait** chouette de vivre en Afrique!

You can also use the conditional to request something in a polite way.

> Je **voudrais** une baguette, s'il vous plaît.
> J'**aimerais** que tu viennes avec moi.

To make the conditional, use the future stem and add the imperfect endings: **-ais, -ais, -ait, -ions, -iez, -aient.**

> J'**aimerais** }   Nous **aimerions** }
> Tu **aimerais** } être médecin.   Vous **aimeriez** } habiter ici.
> Il/Elle/On **aimerait** }   Ils/Elles **aimeraient** }

Note that the future and the conditional have the same irregular stems.

> J'**aurais** beaucoup de temps libre en été.
> Elle **deviendrait** forte en maths.

18 Colette and Christine are talking to Caroline. They wish they were moving to another city like her. They think they would do the same things as Caroline if they could go too. Complete their conversation.

EXAMPLE   CAROLINE   Je prendrai un appartement avec vue sur la mer.

COLETTE   Moi aussi, je prendrais un appartement avec vue sur la mer.

CAROLINE   J'achèterai une nouvelle voiture.

CHRISTINE   (1) _____

CAROLINE   J'aurai deux chats et un chien.

COLETTE   (2) Moi, je _____ deux chats, mais Christine _____ un chien.

CAROLINE   Je rencontrerai beaucoup de gens et nous nous amuserons bien.

COLETTE ET CHRISTINE   (3) Nous _____

CAROLINE   Mes amis pourront me rendre visite tous les week-ends.

COLETTE   (4) _____

CAROLINE   Je verrai plein de choses intéressantes!

CHRISTINE   (5) _____

CAROLINE   Mes parents viendront me voir.

COLETTE   (6) _____

CAROLINE   Ma sœur pourra venir vivre avec moi.

COLETTE ET CHRISTINE   (7) Nos frères et sœurs _____

19 Joseph is a young Senegalese boy who is dreaming about what he'd do if he were a grown-up. Complete what he says, using the conditional.

D'abord, je **(1)** _____ (quitter) ma famille et j' **(2)** _____

(aller) vivre à Paris. Je **(3)** _____ (choisir) le métier que je

(4) _____ (vouloir) faire et je **(5)** _____ (s'inscrire)

dans une université. Ça **(6)** _____ (être) soit une grande école

d'ingénieurs soit l'Ecole de médecine. Là-bas, je **(7)** _____ (rencontrer)

une fille qui **(8)** _____ (étudier) la même chose que moi. Nous

(9) _____ (tomber) amoureux, bien sûr. Après nos études, ma fiancée et

moi, nous **(10)** _____ (se marier). Nous **(11)** _____

(ne pas avoir) d'enfants immédiatement parce que nous **(12)** _____

(devoir) d'abord trouver du travail. Après avoir travaillé un ou deux ans comme médecin ou

comme ingénieur, je **(13)** _____ (pouvoir) acheter une maison. Bien sûr, je

(14) _____ (devenir) très riche très vite. Ce **(15)** _____

(être) super si ces rêves devenaient réalité.

20 You're a guidance counselor. Based on what these students tell you they like, give them advice on what to do. Use the conditional form of the phrases suggested below.

devoir faire une école technique

être un bon avocat

pouvoir aller passer quelques mois aux Etats-Unis

aimer sûrement le métier de pilote

1. Je ne sais pas trop ce que je veux faire, mais j'aime bien parler et défendre mes points de vue.

2. J'ai du mal à me décider, mais j'aime la mécanique. J'adore réparer des machines, par exemple.

3. J'aime les avions et j'adore conduire. J'aime surtout la précision.

4. Mon rêve, c'est d'être prof d'anglais, mais... mes notes ne sont pas terribles.

French 3 Allez, viens!, Chapter 5

Note de *G*rammaire   Inversion

You have already learned to ask questions using intonation and **est-ce que**. Inversion is a formal way to ask a question. To make a question using inversion, reverse the order of the main verb and the subject pronoun, and connect them with a hyphen.

Sont-elles médecins?   **Prend-elle** son manteau?   **Est-il** instituteur?

Tes parents, ne **t'ont-ils** pas donné la permission?

Ne se **sont-ils** pas rencontrés au café?

When you use inversion with the pronouns **il, elle,** and **on,** and the form of the verb does not end in -**t** or -**d**, place a "t" between the verb and the subject pronoun and connect them with hyphens.

N'**achète-t-elle** pas de pain?   Ludo, **a-t-il** fini ses devoirs?

Va-t-on jouer?

21 Your brother's French teacher is having dinner with your family. During the meal you want to ask several questions to show the teacher that you too know French. Rewrite the following questions into a formal style using inversion.

1. Vous avez des cours très tôt le matin?

_____

2. Est-ce que vous avez beaucoup d'étudiants?

_____

3. Les langues étrangères sont difficiles à enseigner *(to teach)?*

_____

4. Est-ce que vous préférez Monet ou Manet?

_____

5. Les étudiants aiment leur cours de français?

_____

6. Est-ce que vous avez fait des voyages en Europe?

_____

7. Vous avez déjà visité la France?

_____

8. Est-ce que vous avez connu des Français?

_____

9. Vous avez dégusté la cuisine française?

_____

10. Est-ce que mon frère Rémy est bon élève?

_____

11. Rémy parle souvent en classe?

_____

12. Est-ce que Rémy et ses amis font toujours leurs devoirs?

_____

6 Ma famille, mes copains et moi

■ PREMIERE ETAPE

To make arrangements to meet with other people, you'll need to know reciprocal verbs.
To make apologies, you'll need to know how to use the past infinitive.

▶ Si tu as oublié... Reflexive verbs

> Do you remember the forms of the reflexive verbs you've learned?
>
> Je **me** promène.   Nous **nous** promenons.
> Tu **te** promènes.   Vous **vous** promenez.
> Il/Elle/On **se** promène.   Ils/Elles **se** promènent.
>
> Remember to use **être** as the helping verb in the **passé composé** and to make the past participle agree with the subject when there is no direct object following.
>
> Elle **s'est** réveillée tard.   Ils **se sont** levés à six heures.

1 Complete Fatima's letter to Salim, describing her life in her new town.

> *Mon cher Salim,*
>
> *Me voici à Safi! La vie est un peu différente ici. D'abord, je commence l'école plus tôt qu'à Rabat. Je (1) _____ (se lever) à 6h30 tous les matins!*
>
> *Ensuite, je (2) _____ (se laver) très vite parce qu'on a une seule salle de bains et que mes sœurs et frères (3) _____ (se laver) aussi entre 6h30 et 7h30! Pendant que mon frère (4) _____ (s'habiller), moi, je prends la salle de bains, et ainsi de suite. On passe la journée à l'école et l'après-midi, vers 4 heures, on (5) _____ (se promener) sur le port ou dans la médina. Est-ce que toi et tes copains, vous (6) _____ (se promener) toujours aux Oudaïas? Tu (7) _____ (se rappeler) nos balades à vélo dans la Kasba? Ça me manque tellement... Bref, après une heure ou deux, on rentre à la maison. En général, nous (8) _____ (se coucher) tous vers 9h30.*
>
> *Voilà. Envoie-moi de tes nouvelles.*   *Bises,*
>
>   *Fatima*

2 Based on Fatima's letter, describe her day yesterday by filling out this page from her calendar.

MARDI 13 MARS

6h30 : Elle _____

6h45 : _____

7h00 : _____

16h00 : _____

21h30 : _____

*G*rammaire   Reciprocal verbs

Some of the reflexive pronouns you've already learned are not only used to express an action done to/for/at *oneself,* but also to express a reciprocal action, that is, an action done to/for/at *each other.*

Ils **se voient** tous les dimanches.   *They see each other every Sunday.*

Vous **vous êtes rencontrés** où?   *Where did you meet each other?*

Nous **nous sommes donné** rendez-vous.   *We made an appointment (with each other).*

3 Summarize these statements, using reciprocal verbs in the present tense.

1. Jérôme aime Catherine et Catherine aime Jérôme.

   Ils _____.

2. Je rencontre François au café et François me rencontre au café.

   Nous _____.

3. Tu téléphones souvent à Antoinette et Antoinette te téléphone souvent.

   Vous _____.

4. Sarah retrouve Juliette au cinéma et Juliette retrouve Sarah au cinéma.

   Elles _____.

5. Claude se dispute avec Louise. Louise se dispute avec Claude.

   Ils _____.

6. Tu dis bonjour au professeur. Le professeur te dit bonjour.

   Vous _____.

7. Elise parle avec Julien. Julien parle avec Elise.

   Ils _____.

8. Je vois Aïcha et Aïcha me voit au lycée tous les jours.

   Nous _____.

Reciprocal verbs in the passé composé

Use the helping verb **être** with a reciprocal verb in the **passé composé**. The past participle must agree with the pronoun when it's the direct object of the verb. If the pronoun is an indirect object, the participle doesn't change.

Elles **se sont vues** à la boum.
saw each other

Nous **nous sommes parlé** hier.
spoke to each other

Some common verbs which take indirect objects are: **se parler, se téléphoner, se dire, se donner, s'offrir, s'acheter,** and **s'écrire.**

4 Circle the sentences in which an agreement of the past participle would be necessary if you rewrote them in the **passé composé.**

1. Nous nous parlons aussi souvent que possible.

2. Nous nous disons la vérité.

3. Nous ne nous disputons pas.

4. Nous nous offrons des cadeaux d'anniversaire.

5. Nous nous rencontrons souvent au lycée.

6. Nous nous téléphonons souvent.

7. Nous nous écrivons des notes.

8. Nous nous aimons.

5 Unscramble these sentences and conjugate the verbs in the **passé composé.**

1. Richard / la / et / à / Thomas / se retrouver / piscine

_____

2. les / ne / depuis / se parler / elles / pas / vacances

_____

3. semaine / se réconcilier / dernière / nous / la

_____

4. devant / rendez-vous / château / se donner / vous / le

_____

5. jamais / Julie / et / se rencontrer / Jules / ne

_____

6. Charles / se téléphoner / ne / Catherine / pas / et / hier / soir

_____

6 You've found a summary of **Nos jeunes années** for last week. Fill in the blanks with the correct form of the verbs in the **passé composé**. Remember to make agreements, if necessary.

La semaine dernière, dans *Nos jeunes années...*

Lundi, Roxanne et Geoffroy **(1)** _____ (se rencontrer) par hasard au

café à la sortie du lycée. Ils **(2)** _____ (se donner) rendez-vous

mercredi après-midi à la plage. Mais mercredi matin, Roxanne a téléphoné à Geoffroy pour lui

dire qu'elle ne pourrait pas venir. Il était très déçu et **(3)** _____ (se

balader) seul tout l'après-midi. C'est quand il est passé devant le Café de la Poste qu'il a vu

Roxanne et Fabrice ensemble à une table. Il **(4)** _____ (se cacher)

et il les a regardés. Au bout de dix minutes, Fabrice est parti. Alors, Geoffroy

(5) _____ (s'approcher) et il a demandé à Roxanne ce qu'elle

faisait là. Ils **(6)** _____ (se disputer) et ils

(7) _____ (se quitter) fâchés. Jeudi, Roxanne a essayé de

téléphoner à Geoffroy toute la journée, mais d'abord, il a refusé de lui parler. Finalement, il

(8) _____ (se calmer) et il a accepté de la voir. Ils

(9) _____ (se retrouver) au parc à cinq heures. Roxanne

(10) _____ (s'expliquer). C'était un malentendu. Fabrice s'était

disputé avec Eléonore, la meilleure amie de Roxanne, et il avait besoin de conseils.

Alors, Roxanne et Geoffroy **(11)** _____ (se réconcilier) et ils

(12) _____ (s'embrasser).

7 You'd like to know what happened today to your favorite characters, Roxanne and Geoffroy, from the soap opera **Nos jeunes années.** Ask questions to find out.

1. se téléphoner

3. s'offrir des cadeaux

2. se donner rendez-vous au café

4. se dire des choses gentilles

5. se parler

1. _____

2. _____

3. _____

4. _____

5. _____

𝒢rammaire   The past infinitive

Generally, a verb following another verb or a verbal expression is in the infinitive.

J'aimerais bien **venir.**   Je ne peux pas le **faire.**

When the action expressed by the infinitive has already occurred, the verb is in the past infinitive.

Je m'excuse d'**avoir oublié** notre rendez-vous.

I'm sorry I forgot (to have forgotten) our meeting.

To form the past infinitive of a verb, use the infinitive of the helping verb you'd use in the **passé composé (être** or **avoir)** and add the past participle of the verb that describes the action.

8 Place the correct helping verb in the appropriate cubes.

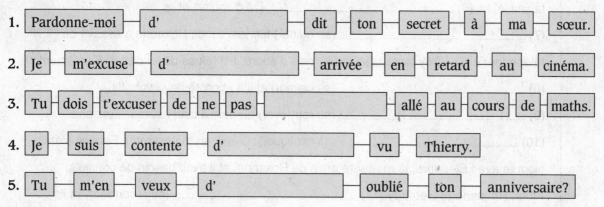

1. Pardonne-moi — d' — [   ] — dit — ton — secret — à — ma — sœur.

2. Je — m'excuse — d' — [   ] — arrivée — en — retard — au — cinéma.

3. Tu — dois — t'excuser — de — ne — pas — [   ] — allé — au — cours — de — maths.

4. Je — suis — contente — d' — [   ] — vu — Thierry.

5. Tu — m'en — veux — d' — [   ] — oublié — ton — anniversaire?

9 You're at the school cafeteria and you overhear this conversation between Marie-Laure and François. Fill in the missing words.

FRANÇOIS   Tu sais, je suis vraiment désolé d'avoir **(1)** _____ (dire) ça à Benoît...

MARIE-LAURE   Oh, ça peut arriver à tout le monde.

FRANÇOIS   Oui, mais je m'en veux de m'être **(2)** _____ (mettre) en colère comme ça...

MARIE-LAURE   Ne t'inquiète pas. Il a sûrement déjà oublié.

FRANÇOIS   Je ne sais pas... Je suis vraiment stupide d'être **(3)** _____ (partir) en claquant la porte!

MARIE-LAURE   Ça arrive à tout le monde!

FRANÇOIS   Et puis, il ne me pardonnera jamais d'avoir **(4)** _____ (jeter) son appareil-photo dans la poubelle.

MARIE-LAURE   Euh... Je crois qu'il en a un autre...

FRANÇOIS   En tout cas, je devrais m'excuser de l'avoir **(5)** _____ (faire).

MARIE-LAURE   Euh... Oui, tu as peut-être raison.

CHAPITRE 6 Première étape

10 Alexandre is doing everything wrong this week. Complete his apologies, using the verbs below in the past infinitive.

1. Grand-mère, je suis désolé d' _____ (oublier) de sortir la poubelle!

2. Papa, je m'excuse d' _____ (rentrer) tard hier soir.

3. Caroline, je m'en veux d' _____ (déchirer) ta chemise!

4. Je m'excuse d' _____ (rater) le cours d'anglais hier.

5. Maman, pardonne-moi d' _____ (casser) ton vase préféré!

6. Dis, Juliette, tu ne m'en veux pas d' _____ (sortir) avec Cybille hier?

11 Imagine what these people might say to make an apology.

perdre tes boucles d'oreilles   oublier de vous téléphoner   laisser la porte ouverte

rater le train de 8h   partir sans te dire au revoir   arriver si tard

1.

Cécile left the front door open before she left for school.

Je m'excuse d'_____
_____

4.

Moussa forgot to say goodbye to his grandmother.

Pardonne-moi d'_____
_____

2.

Anne lost Christine's earrings.

Je suis désolée d'_____
_____

5.

Sébastien stayed out late and forgot to call his parents.

Excusez-moi d'_____
_____

3.

Benoît arrived at his brother's concert late.

Je m'en veux d'_____
_____

6.

Martine missed the 8 o'clock train.

Je suis vraiment désolée d'_____
_____

CHAPITRE 6 Première étape

DEUXIEME ETAPE

To act appropriately in a family setting, you'll need to know the words for different family members.

VOCABULAIRE   Family members

12 Cross out the word that doesn't belong in each group because of meaning.

1. neveu
    nièce
    jumelle
    oncle

2. petit-fils
    marié
    célibataire
    divorcé

3. aîné
    cadet
    benjamin
    célibataire

4. arrière-grand-père
    cadette
    arrière-grand-mère
    petite-fille

13 Fill in the blanks with the correct relationship of each member of the Ben Saïd family, using the clues below.

célibataire   divorcés   veuf   benjamin(e)   mari   jumeaux(elles)
nièce   arrière-grand-mère   cadette   veuve   aîné(e)   divorcé(e)
cadet   neveu

1. Barka est la grand-mère de la mère de Moktar. C'est la (l') _____ de Moktar.

2. Toufik n'est pas marié. Il est _____.

3. Fatima est la première fille des Ben Saïd. C'est leur fille _____.

4. Youssef et Toufik sont nés le même jour et ils ont les mêmes parents. Ils sont

_____.

5. La grand-mère de Fatima a perdu son mari l'année dernière. Elle est

_____.

6. Salim est le plus jeune des enfants Ben Saïd. C'est le _____.

7. Yasmina est la fille du frère de Toufik. C'est la _____ de Toufik.

8. Les parents de Yasmina ne sont plus mariés. Ils sont _____.

14 Look at the Khatibi family tree and complete Soumia's letter to her friend Patricia.

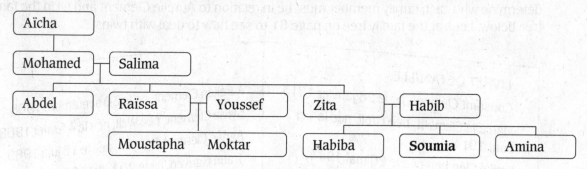

Chère Patricia,
Tu m'as demandé de te décrire ma famille. La voici. Mon (1) _____ s'appelle Aïcha. Elle est très vieille. C'est la mère de mon grand-père Mohamed. Son mari est mort en 1987. Elle est (2) _____. Salima est la (3) _____ de mon grand-père. Ils ont trois enfants. Un fils, Abdel, qui est (4) _____ et deux filles, Raïssa et Zita. Raïssa est (5) _____ à

Youssef. Ils ont deux fils, Moustapha et Moktar qui sont (6) _____. Ils se ressemblent comme deux gouttes d'eau! Ma mère s'appelle Zita. Et mon père, c'est Habib. Nous sommes trois filles. Ma sœur (7) _____, c'est Habiba. Elle a 15 ans. Moi, je suis la (8) _____. J'ai 13 ans et Amina en a 10. Elle est la (9) _____. Voilà. Je crois que je n'ai oublié personne. Et toi, comment est ta famille? Écris-moi vite pour me la décrire. À bientôt.
                                    Soumia

15 Look again at the Khatibi family tree and describe the following relationships in complete sentences.

EXAMPLE   Moktar ⇔ Mohamed: Moktar est le petit-fils de Mohamed.

1. Habiba ⇔ Raïssa : _____

2. Soumia et Amina ⇔ Mohamed : _____

3. Moustapha ⇔ Zita : _____

4. Moktar ⇔ Abdel : _____

5. Aïcha ⇔ Moktar : _____

CHAPITRE 6 Deuxième étape

16 This is the Cléments' **livret de famille** *(family certificate)*. Use the names and birth dates to determine who each family member must be in relation to Aurélie Clément and fill in the family tree below. Look at the family tree on page 61 to see how to deal with twins.

LIVRET DE FAMILLE

Constant Clément, né le 28 janvier 1913.

Marcelle Clément, née Paoli, née le 1er août 1914.

Emilie Clément, née le 20 mai 1944.

François Clément, né le 7 octobre 1945.

Marie-Louise Clément, née Fabre, née le 20 juin 1946.

Grégoire Clément, né le 19 mai 1967.

Claude Bataille-Clément, née le 25 janvier 1968.

Aurélien Clément, né le 30 septembre 1968.

Sylvie Clément, née Weil, née le 4 février 1968.

Agnès Clément-Nguyen, née le 12 juin 1969.

Trahn Nguyen, né le 20 juillet 1969.

Angélique et Aurélie Clément, nées le 3 mai 1994.

Emile Nguyen, né le 9 juin 1993.

Françoise Nguyen, née le 17 octobre, 1994.

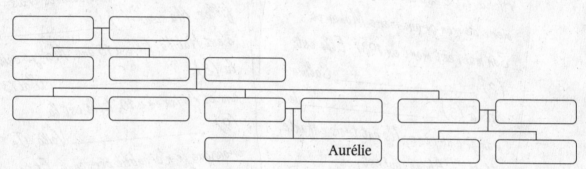

Aurélie

17 Using the family tree in Activity 16, determine whether the following statements are **vrai** or **faux.** Correct the false ones in French.

EXAMPLE   <u>faux</u>   Entre Emile et Françoise, Emile est le cadet.
                 <u>Emile est l'aîné.</u>

1. _____ Emilie est le fils de François.

_____

2. _____ Grégoire est le benjamin.

_____

3. _____ Marcelle est la grand-mère d'Aurélie.

_____

4. _____ Angélique est la sœur jumelle d'Aurélie.

_____

5. _____ Grégoire et Claude sont mariés.

_____

6. _____ Emilie est mariée.

_____

Nom _____ Classe _____ Date _____

7 Un safari-photo

■ PREMIERE ETAPE

To make suppositions about what you might see on a safari, you'll need to know words that describe the savannah and the rain forest as well as the names of travel-related items. To ask about necessary precautions, you'll need to know how to form the subjunctive and when to use it.

VOCABULAIRE   Rain forest and savannah

1 Your French Club is going on a trip to the Central African Republic. Everybody's excited and wondering what it will be like. Choose the correct continuation of each statement.

_____ 1. | Je sais qu'il y a des zèbres en République centrafricaine. | a. | J'adore les cascades, comme celles du Niagara!

_____ 2. | Je suis sûre qu'il y a de superbes chutes d'eau là-bas. C'est chouette! | b. | Je me demande si elles sont dangereuses.

_____ 3. | Il doit y avoir plein de pythons dans les arbres... | c. | J'espère que non! J'ai très peur des serpents.

_____ 4. | Je parie qu'il y a des araignées énormes! | d. | Ils mangent de l'herbe et boivent dans les points d'eau.

2 Your photography class is going on a safari in the Central African Republic. Based on each person's likes and dislikes, write three things he or she should photograph there.

les arbres   les rivières   les araignées   les fourmis   la brousse   les serpents
la végétation tropicale   la savane   les oiseaux   l'herbe   les mouches   les papillons

1. Djemil is fascinated by things that fly.

_____

2. Francine likes arachnids, insects, and things that crawl.

_____

3. Nathalie wants to take pictures of native African plants.

_____

4. Luc loves nature and discovering new landscapes.

_____

Travaux pratiques de grammaire **63**

3 Honoré wrote his French pen pal a postcard describing his country, the Central African Republic. Fill in the missing words.

Dans mon pays, la végétation est superbe. Dans la forêt tropicale, il y a de grands (1) _____ avec de grandes feuilles. Comme il fait très humide, il y a beaucoup de (2) _____. Il faut toujours avoir de la lotion parce qu'ils piquent! On peut se baigner dans les (3) _____ et observer les beaux(4) _____ de toutes les couleurs qui volent de fleur en fleur. Dans la savane, la végétation n'est pas aussi abondante parce que le climat est aride. Il y a de rares (5) _____ où les animaux vont boire. Il y a des (6) _____ dangereux comme les boas et les pythons. A bientôt.

Honoré

René DULAC
12, rue V. Hugo
13200 MARSEILLE
FRANCE

Note de *G*rammaire When to use the subjunctive

Some expressions that you have learned require that you use the subjunctive in the clause that follows them, while others require the use of the indicative.

- When two verbs follow each other in the same clause, the second verb must be an infinitive.

  Ça doit **être** très intéressant, et je te le recommande.

- Phrases that express certainty take the indicative mood while phrases that express doubt take the subjunctive mood. Just as you've memorized the gender of new nouns, you need to memorize whether each expression that you learn takes the indicative or the subjunctive mood.

  Je suis certain qu'il vient.   **Je ne suis pas certain qu'il vienne.**

4 Ludovic is talking to his friend Arthur about his upcoming trip with his parents to Africa. Finish their sentences by picking the appropriate phrases from the box.

> faire un safari
>
> ait des ours
>
> nous amuserons beaucoup
>
> puisse s'amuser en Afrique
>
> n'y a pas d'ours
>
> elle soit contente d'aller dans des pays
>
> y a des forêts tropicales
>
> fasse si chaud la nuit
>
> vous amuserez super génial en Afrique
>
> des lions, des tigres et des ours
>
> vais voir beaucoup d'animaux

LUDOVIC On va être en Afrique deux mois. On pourrait **(1)** _____ .

Je suis certain que je **(2)** _____ . Il doit y avoir

(3) _____ .

ARTHUR Ça m'étonnerait qu'il y **(4)** _____ . Je parie qu'il n(e)

(5) _____ .

LUDOVIC Bon, je suis sûr que nous **(6)** _____ . Je sais qu'il

(7) _____ avec beaucoup d'arbres.

ARTHUR Je suis convaincu que toi et ta famille, vous **(8)** _____ .

Ça doit être **(9)** _____ .

LUDOVIC Je ne suis pas sûr que ma sœur **(10)** _____ . Je ne pense

pas qu(e) **(11)** _____ où il fait si chaud.

ARTHUR Je ne suis pas certain qu'il **(12)** _____ .

VOCABULAIRE Packing for a safari

5 Cross out the item that doesn't belong in each group because of meaning. Then write each item you crossed out in the group where it most logically fits.

1. des pansements
   un chapeau
   une trousse de premiers soins

   _____

2. un désinfectant
   un appareil-photo
   des jumelles

   _____

3. une carte de crédit
   un passeport
   un caméscope

   _____

4. de la crème solaire
   des lunettes de soleil
   des chèques de voyage

   _____

6 Paul's friend is going on a safari and is asking him for advice about what to pack. Complete Paul's responses.

1.

Est-ce qu'il y a des médecins dans la savane?

Non. Il faudrait que tu prennes

_____

2.

Je parie qu'il y a des animaux superbes. Tu crois que je devrais faire des vidéos?

Oui, tu devrais emporter

_____

3.

Est-ce que le soleil est intense là-bas?

Oui. Il est important que tu prennes

_____

4.

Il y a beaucoup de chutes d'eau dans la savane?

Non. Elle est aride *(dry)*. N'oublie pas

_____

Si tu as oublié... The subjunctive

You already know how to use the subjunctive after phrases expressing *obligation* and *will*. You've also learned how to make the present subjunctive of regular verbs: drop the -**ent** ending of the **ils/elles** form of the present tense and add the endings -**e**, -**es**, -**e**, -**ions**, -**iez**, -**ent**.

je finisse	nous finissions
tu finisses	vous finissiez
il/elle/on finisse	ils/elles finissent

• The verb **faire** has an irregular stem, **fass-**. Add the regular subjunctive endings to the stem.

• The stems of **prendre** and **venir** are irregular in the **nous** and **vous** forms:

je prenne	BUT	nous **prenions**	vous **preniez**
je vienne	BUT	nous **venions**	vous **veniez**

7 Tassire is writing a letter to his cousins who are coming to visit him in the Central African Republic. Complete his letter with the correct forms of the verbs in parentheses.

Chers cousins,

Encore un mois et vous serez ici! Quelques conseils : avant votre départ, il faut que vous (1) _____ (se faire) vacciner contre la fièvre jaune. Il est aussi très important que vous (2) _____ (acheter) des médicaments contre le paludisme. Et si vous voulez vous balader dans la brousse, il faudrait que vous (3) _____ (emporter) de bonnes chaussures de marche. Ce n'est pas la peine que vous (4) _____ (prendre) des imperméables. Il ne pleut presque jamais dans cette partie du pays. Par contre, la chaleur est intense. Epie, je sais que tu es très sensible au soleil. Alors, il faudrait que tu (5) _____ (prendre) des lunettes, un chapeau et surtout une bonne crème solaire. Et, si vous voulez faire un petit safari-photo, il faut que vous me le (6) _____ (dire) au plus vite. Il vaudrait mieux que mes parents et moi, nous l' (7) _____ (organiser) avant votre arrivée. Voilà. Je vous quitte car il faut que je (8) _____ (finir) mes devoirs avant de me coucher. A très bientôt!

Tassire

Grammaire   Using the subjunctive

You've already learned to use the subjunctive after expressions of obligation and will. You'll also need to use the subjunctive after these phrases:

necessity:
Il est nécessaire que tu **partes.**
Il est essentiel que...
Il faudrait que...
Il vaudrait mieux que...
Il est important que...

emotion:
Il est heureux qu'on l'**aide.**
J'ai peur que...
Je suis désolé(e) que...

doubt: *
Je ne pense pas qu'il vienne ici.
Je ne crois pas que...
Ça m'étonnerait que...
Je ne suis pas sûr(e) que...
Je ne suis pas certain(e) que...

possibility:
Il se peut que je **finisse** avant lui.
Il est possible que Julie nous **vende sa voiture.**

* The negative form of many of these verbs expresses doubt, and therefore, they require the use of the subjunctive. When they are not used with a negative form, they do not express doubt, and therefore, they require the use of the indicative.

Je **ne suis pas sûr** qu'il **fasse** ses devoirs.   Je **suis sûr** qu'il **fait** ses devoirs.

8 You and your friends are going on safari in the African brush. Your friends are excited and wondering what it will be like there. Use the subjunctive in your response to each of their notes.

1.

Dis donc, est-ce que tu crois qu'on va dormir près des lions?

Il se peut que nous (dormir) _____ près des lions.

2.

Tu penses qu'on va voir des animaux? Mon père va nous prêter ses jumelles.

Je suis content(e) qu'il nous (prêter) _____ ses jumelles.

3.

A ton avis, est-ce qu'on va voir des araignées dans la forêt?

Oui, il vaudrait mieux que j' (emporter) _____ un désinfectant et des pansements.

4.

Je me demande si on va sortir de la voiture quand on sera dans la réserve.

Non, il est important qu'on (rester) _____ dans la voiture.

9 Some friends are discussing their trip to Africa. Read their statements and then rewrite them using the most logical expressions from the box.

> Il vaudrait mieux que   Je ne crois pas que   Il faudrait que
> Je suis heureux(euse) que   Il se peut que

1. Tu devrais emporter ton caméscope pour faire des vidéos.
   _____

2. Ça serait mieux si on prenait l'avion. Bangui est loin d'ici.
   _____

3. Alors, on fait un safari-photo cette année? Youpi! C'est super chouette!
   _____

4. A mon avis, on ne mange pas d'araignées là-bas.
   _____

5. Peut-être qu'il viendra nous voir en République centrafricaine.
   _____

■ DEUXIEME ETAPE

To express astonishment or to caution someone about animals on a safari, you'll need to know the names of different African animals. To express fear or to reassure someone, you'll need to know the conditional and some irregular subjunctive verb forms.

VOCABULAIRE African animals

10 Antoine's class went to the zoo. Read the comments they made about their trip and answer the questions below in English.

«J'ai vu un rhinocéros. Il avait une très grosse corne!» Cécile

«Ben, moi, j'ai vu un gros éléphant. Il m'a touché la main avec sa trompe!» Michel

«Et moi, j'ai vu des singes! C'est fou comme ils étaient mignons!» Dorothée

«Eh ben, moi, j'ai vu un guépard! Il avait l'air féroce!» Alex

1. Who saw a cheetah and what impression did he or she get? _____
_____

2. What happened to Michel? _____

3. What did Dorothée see? _____

4. What did Cécile notice about the rhino? _____
_____

11 Complete Lucie's **devinettes** *(riddles)* about animals and places you can see in Africa. Then rearrange the circled letters to solve the final puzzle.

1. Les __ __ __ ◯ __ __ sont très drôles. Ils sautent *(jump)* dans les arbres et mangent des bananes.

2. J'aime les __ __ __ ◯ __ __ . Ils ont de belles rayures noires et blanches.

3. Il faut faire attention aux lions. Ils sont __ ◯ __ __ __ __ __ !

4. La __ __ __ ◯ __ __ est jaune à pois noirs. Elle est très grande mais pas grosse comme l'éléphant.

5. Cet hippopotame est très, très __ __ __ __ __ ◯ ! Il pèse au moins 2.500 kilos!

6. Les lions aiment manger des zèbres et des gazelles. Ils attendent patiemment leur

◯ __ __ __ __ sans faire de bruit.

7. Il n'y a pas beaucoup de rivières dans la brousse. Les animaux doivent trouver de rares

__ __ __ __ __ __ __ __ ' __ ◯ pour boire.

Cet animal court très très vite : _____

Si tu as oublié... The conditional

Remember to use the conditional to tell what you *would* do under certain conditions.

Il **serait** plus prudent de rester dans la voiture.

To form the conditional, start with the future stem and add the endings of the imperfect:

Je **prendrais** des photos.　　　　Nous **finirions** nos bagages.
Tu **achèterais** une gourde.　　　　Vous **devriez** faire attention!
Il/Elle/On **pourrait** voir des zèbres.　　Ils/Elles **auraient** peur des lions.

12 Use the conditional forms of the verbs in parentheses to complete the puzzle.

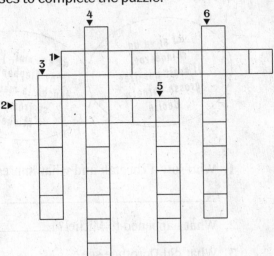

HORIZONTALEMENT

1. Nous (vouloir) faire un grand voyage, un jour.
2. Tu sais, tu ne (devoir) pas sortir de la voiture.

VERTICALEMENT

3. Vous (faire) mieux de vous méfier! Il y a des serpents par ici.
4. Restons ici. Les lions (pouvoir) nous attaquer si nous allions plus loin.
5. Il (être) plus prudent d'attendre les autres. On risque de se perdre.
6. Je (vouloir) me promener dans la savane mais j'ai peur des éléphants.

13 Philippe is dreaming about what he would do on a safari. Based on his thoughts, write out his journal entry using the conditional.

1. aller dans la savane

2. parler à des gens qui vivent dans la brousse

3. être très prudent

4. manger des plats africains

5. voir des animaux féroces

6. avoir peur des serpents

1. Pendant mon voyage idéal en Afrique, _____

2. _____

3. _____

4. _____

5. _____

6. _____

French 3 Allez, viens!, Chapter 7

Grammaire Irregular subjunctive forms

Some irregular verbs have one irregular stem to which you add regular subjunctive endings. An example is **pouvoir**, with the irregular stem **puiss-**.

Je suis heureuse que vous **puissiez** venir.

The verb **aller** has one stem for the **je, tu, il/elle/on**, and **ils/elles** forms, and a second stem for the **nous** and **vous** forms.

que j'**aille**	que nous **allions**
que tu **ailles**	que vous **alliez**
qu'il/elle/on **aille**	qu'ils/elles **aillent**

Avoir and **être** are irregular in the subjunctive.

avoir		être	
que j'**aie**	que nous **ayons**	que je **sois**	que nous **soyons**
que tu **aies**	que vous **ayez**	que tu **sois**	que vous **soyez**
qu'il/elle/on **ait**	qu'ils/elles **aient**	qu'il/elle/on **soit**	qu'ils/elles **soient**
Il se peut qu'elle **ait** un caméscope.		Il faut que tu **sois** prudent.	

14 The guide in charge of a safari tour is about to leave the hotel to tour the area with his group. The hotel receptionist gave him messages from various members of his group. Using his log, complete the messages he could have received by filling in the missing verbs in the scraps of paper. Use the subjunctive of the verbs that the guide used.

Le 6 septembre, 8 heures :

Franck Le Van n'a pas le temps de venir aujourd'hui.

Les Jugneau ne veulent pas aller dans la savane. Trop dangereux.

Lucien Dubois va peut-être être en retard. Ne pas l'attendre.

Les Boulaoui n'ont pas le temps de venir non plus.

Julien et Caroline doivent aller à la banque. Ne pas les attendre.

Les Dubalais ne peuvent pas venir aujourd'hui.

---

1. Mon mari ne veut pas qu'on _____ dans la savane. Il pense que c'est trop dangereux.
Madame Jugneau

2. Ça m'étonnerait que j'_____ le temps d'aller dans la savane aujourd'hui. Désolé.
Franck Le Van

3. Il se peut que je _____ en retard. Ne m'attendez pas!
Lucien Dubois

4. Je ne pense pas que nous _____ venir avec vous aujourd'hui. A plus tard.
M. et Mme Dubalais

5. Julien et moi, il faut que nous _____ à la banque. Partez sans nous.
Caroline Fenouillard

6. Je ne crois pas que nous _____ le temps de nous joindre à vous aujourd'hui. Demain peut-être...
Les Boulaoui

15 You received this letter from your friend Irène who is on safari in Africa. Complete her letter with the correct forms of the verbs in parentheses.

Salut de Bangui!

Voici mes premières impressions du safari. D'abord, il faut que je te

(1) _____ (dire) qu'il fait un temps magnifique ici.

Malheureusement, ils annoncent de la pluie pour demain et je ne suis pas sûre qu'on

(2) _____ (pouvoir) aller observer les gazelles. Il se

peut que les routes (3) _____ (être) fermées s'il y a trop

d'eau. Cet après-midi, nous allons à un point d'eau où les lions vont boire. Moi, j'ai peur

qu'ils (4) _____ (venir) un peu trop près, mais le guide ne

pense pas que ce (5) _____ (être) dangereux. Demain, s'il

pleut, il se peut que nous (6) _____ (aller) au musée.

Voilà pour les dernières nouvelles de l'aventurière africaine. Embrasse tes parents

pour moi. J'aimerais tellement que vous (7) _____ (être)

ici avec moi.

Bises,
Irène

16 Anselme and his sister, Daphné, are going out on safari tomorrow. Daphné is asking her big brother what it will be like. Write Anselme's answers, using the expressions **Il se peut que...** , **Il est possible que...** , **Je ne crois pas que...** , and **Je ne pense pas que...**

DAPHNE   Est-ce qu'il y aura des animaux féroces?

ANSELME   **(1)** _____

DAPHNE   On pourra sortir de la voiture pour prendre des photos?

ANSELME   **(2)** _____

DAPHNE   Est-ce qu'on ira dans un village?

ANSELME   **(3)** _____

DAPHNE   Dis, est-ce que j'aurai peur?

ANSELME   **(4)** _____

DAPHNE   Est-ce que Papa et toi, vous irez voir les éléphants?

ANSELME   **(5)** _____

DAPHNE   Est-ce que ce sera dangereux?

ANSELME   **(6)** _____

CHAPITRE 8

Nom _____ Classe _____ Date _____

La Tunisie, pays de contrastes

■ PREMIERE ETAPE

To express hopes or wishes and give advice, you'll need to know how to use **si** clauses and the imperfect. You might also need to use words describing traditional life.

VOCABULAIRE   Traditional life

1 Write each item related to traditional life in the proper category.

les chameaux   les poules   la poterie   les figues   les vaches

les dattes   les tapis   le blé   les moutons   les chèvres   les bijoux

ANIMAUX	ARTISANAT	FRUITS ET GRAINS
_____	_____	_____
_____	_____	_____
_____	_____	_____
_____	_____	_____
_____		_____

2 Aïcha is reporting on what people do in the villages of her region. Complete the statement of each person she interviewed, using a phrase from the box. Then write the letter of the statement next to the person who made it.

a. «Moi, je fais la cueillette _____.»

b. «Moi, ma spécialité, c'est de traire _____.»

c. «Nous, on élève _____.»

d. «Je fais des objets _____.»

e. «Moi, je cultive _____.»

f. «Tous les jours, je donne à manger _____.»

____ 1. Ismaël is a wheat farmer.   ____ 4. Youssouf herds goats.

____ 2. Mina raises chickens.   ____ 5. Zahra picks dates.

____ 3. Salima works at a dairy farm.   ____ 6. Moussa is an artisan.

des moutons et des chèvres

les vaches

en cuivre

aux poules

le blé

des dattes

French 3 Allez, viens!, Chapter 8

Travaux pratiques de grammaire **73**

3 Complete these riddles by filling in the blanks with the appropriate words.

1. Je suis noire ou verte et ovale. On me met sur les pizzas. _____

2. Je suis jaune et on me cultive pour faire de la farine et donc du pain.

   _____

3. Je suis blanc et frisé et on utilise ma laine pour faire des pulls. _____

4. Je suis doux *(soft)* et coloré. On m'utilise pour décorer le parquet.

   _____

5. J'ai deux cornes et une petite barbe. Certaines personnes aiment boire mon lait.

   _____

6. On aime nous porter avec des robes élégantes et on coûte très cher.

   _____

Si tu as oublié...   The imperfect

- To form the imperfect, use the imperfect stem and endings. The imperfect stem is the **nous** form of the verb in the present tense without -**ons**.

nous habit~~ons~~	nous finiss~~ons~~	nous vend~~ons~~
nous av~~ons~~	nous pren~~ons~~	nous all~~ons~~

- Remember that the imperfect stem of **être** is irregular. It is **ét-**.

- The imperfect endings of all verbs are -**ais**, -**ais**, -**ait**, -**ions**, -**iez**, -**aient**.

j'habit**ais**	nous pren**ions**
tu av**ais**	vous all**iez**
il/elle/on finiss**ait**	ils/elles ét**aient**

4 Draw lines to match the verbs that have the same infinitive.

1.	a	a.	buvaient
2.	viennent	b.	voyait
3.	suis	c.	savais
4.	sais	d.	pouviez
5.	vas	e.	faisiez
6.	voit	f.	devions
7.	peux	g.	venaient
8.	fait	h.	allais
9.	boit	i.	avais
10.	doit	j.	étais

5 Finish Saïd's story about his friend Malika. Write the appropriate imperfect form of the verbs in parentheses.

L'autre jour, je **(1)** _____ (se promener) dans les champs quand j'ai vu

Malika qui courait vers la ferme de ses parents. Elle **(2)** _____ (avoir) l'air

agitée. Je l'ai appelée et je lui ai demandé ce qui **(3)** _____ (se passer). Elle

m'a dit :

— Oh Saïd! Si tu savais ce que j'ai vu là-bas, derrière les arbres!

— Quoi? Raconte!

— Si je te le **(4)** _____ (dire), tu te moquerais de moi.

— Mais non! Allez, dis-moi!

— J'ai vu un énorme lion.

— Alors, là, ça m'étonnerait! Il n'y a pas de lions en Tunisie.

— Tu vois! Je savais que tu ne me croirais pas! Eh ben, pourtant, **(5)** c' _____

(être) bien un lion. Je t'assure. Et il m'a regardé, je l'ai regardé et il est parti dans l'autre

direction. Il n'a même pas touché mes chèvres mais il **(6)** _____ (avoir)

l'air féroce. C'est incroyable!

Malika **(7)** _____ (être) tellement sérieuse et elle **(8)** _____

(sembler) si effrayée que je **(9)** _____ (commencer) à croire son histoire.

Mais tout d'un coup, elle est partie d'un pas léger, et quand elle **(10)** _____

(être) assez loin de moi, elle s'est retournée, a ri et m'a dit «Poisson d'avril!» *(April Fool's!)*

6 Ali is asking his father about how things were when he was growing up in the country in Tunisia. Use the imperfect and the suggested phrases to form his questions.

EXAMPLE   Tu allais à l'oasis pour te baigner?

1. _____
   _____ ?

2. _____
   _____ ?

3. _____
   _____ ?

4. _____
   _____ ?

5. _____
   _____ ?

6. _____
   _____ ?

7. _____
   _____ ?

1. vous / habiter à la ferme

2. tu / aimer traire les vaches

3. tes parents / conduire une voiture

4. tes parents / faire la cueillette des dattes

5. toi et tes frères, vous / cultiver le blé

6. tu / être un bon élève

7. on / prendre le train pour aller en ville

Grammaire   Si clauses

- In English and French, hypothetical situations are expressed in a similar way. Look at this example in English:

    If I **lived** in Tunisia, I **would go** to the beach everyday.

- In French, use a clause beginning with **si** with the verb in the imperfect. In the other clause, use a verb in the conditional to tell what you *would* do or what *would happen* in that situation.

    Si je **vivais** en Tunisie, j'**irais** à la plage tous les jours.

- Just as in English, you can reverse the order of the clauses. Just be sure that the part that begins with **si** has the verb in the imperfect.

    J'**irais** à la plage tous les jours si je **vivais** en Tunisie.

7 The magazine *Salut, les jeunes* is doing a survey to learn what teenagers think they would do in certain situations. Tell what you would do if these things happened to you.

Qu'est-ce que tu ferais si...

1. tu tombais en panne d'essence? _____

2. tu ratais une interro? _____
   _____
   _____

3. tu gagnais beaucoup d'argent? _____
   _____

4. tu avais un(e) petit(e) ami(e)? _____
   _____
   _____

5. tu avais de la fièvre? _____
   _____

6. tu te disputais avec ton meilleur ami? _____
   _____
   _____

7. tu cassais le vase préféré de ta mère? _____
   _____

téléphoner à mes parents

appeler un médecin

lui parler de mes problèmes

lui demander de m'excuser

passer plus de temps à étudier

lui acheter un cadeau

voyager en Europe

French 3 Allez, viens!, Chapter 8

8 This group of friends is talking about some of their wishes and exchanging advice. Complete their statements, using the imperfect or the conditional as needed.

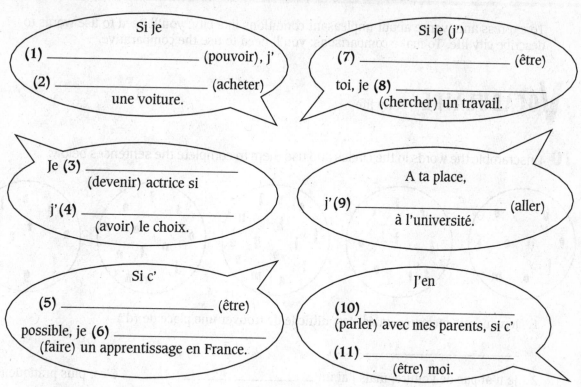

Si je
(1) _____ (pouvoir), j'
(2) _____ (acheter)
une voiture.

Si je (j')
(7) _____ (être)
toi, je **(8)** _____
(chercher) un travail.

Je **(3)** _____
(devenir) actrice si
j'**(4)** _____
(avoir) le choix.

A ta place,
j'**(9)** _____ (aller)
à l'université.

Si c'
(5) _____ (être)
possible, je **(6)** _____
(faire) un apprentissage en France.

J'en
(10) _____
(parler) avec mes parents, si c'
(11) _____
(être) moi.

9 Make hypotheses about Nora's friends, based on what she says about them.

EXAMPLE   Les Alimi ne sont pas riches. Ils rêvent d'acheter une voiture.
<u>Si les Alimi étaient riches, ils achèteraient une voiture.</u>

1. Zita et Mehdi ne parlent pas italien. Ils rêvent d'habiter à Rome.

   _____

   _____

2. Hassan n'est pas bon en maths. Il rêve de devenir architecte.

   _____

   _____

3. Zora et toi, vous n'avez pas vos permis. Vous rêvez de conduire des voitures.

   _____

   _____

4. Ahmed et moi, nous ne travaillons pas à Tunis. Nous rêvons d'habiter un appartement dans le centre-ville.

   _____

   _____

5. Fatima et Amina n'ont pas de chien. Elles rêvent de jouer avec un chien.

   _____

   _____

■ DEUXIEME ETAPE

To express annoyance about unpleasant conditions in a city, you'll need to use words to describe city life. To make comparisons, you'll need to use the comparative.

VOCABULAIRE   City life

10 Unscramble the words in the circles and use them to complete the sentences below.

 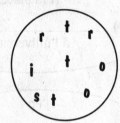 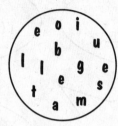 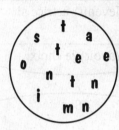 

1. Je voudrais me garer, mais c'est difficile de trouver une place de (d')

   _____ .

2. Je n'ai pas de voiture, mais j'ai un _____ . C'est plus pratique pour aller au lycée.

3. J'adore New York parce qu'il y a des _____ très grands. C'est super chouette!

4. A six heures du soir, c'est impossible de circuler dans les rues de Tunis. Il y a toujours des

   _____ .

5. Il y a de larges _____ dans cette ville parce qu'il y a beaucoup de piétons.

11 Use the sentences below to fill in the puzzle with words that relate to city life. When you've finished, you'll have enough letters to find the mystery word.

1. Dans les grandes villes, les gens marchent très vite parce qu'ils sont…

2. Il y avait une… énorme au concert hier soir! Je n'avais jamais vu autant de gens!

3. Pour prendre le bus, il faut que tu ailles à l'…, là-bas, au coin de la rue.

4. Je n'aime pas les gens mal… qui poussent dans les grands magasins.

5. Cette rue est vraiment dangereuse. Tu ferais bien de prendre le…pour piétons.

6. L'Empire State Building est un très grand… de New York.

The mystery word is _____

12 Find a word from the box that has a logical relationship with each of the following expressions.

un gratte-ciel   des gens pressés   une place de stationnement

la pollution

un arrêt   une foule   un trottoir   un vélomoteur

1. un immeuble↔ _____   5. un véhicule↔ _____

2. le stress↔ _____   6. le bus↔ _____

3. beaucoup de gens↔ _____   7. un garage↔ _____

4. des voitures↔ _____   8. les piétons↔ _____

13 André lives in a small town and is visiting Tunis for the first time. He's writing his mother to describe his first impressions. Complete his letter.

Chère Maman,

Me voici à Tunis. C'est une grande ville, tu sais. Je suis un peu choqué parce qu'ici, les gens marchent et conduisent très vite! Tous les gens sont

(1) _____ . Ils n'ont pas le temps de s'arrêter pour se dire «bonjour» et donc, ils n'ont pas le temps d'être polis. En fait, beaucoup de gens sont (2) _____ ! Ils te marchent sur les pieds, ils poussent dans la rue et les magasins... C'est insupportable à la fin! Mais le problème ici, c'est qu'il y a trop de voitures. Ça crée des

(3) _____ énormes et il y a beaucoup de

(4) _____ dans l'air. C'est l'horreur! En plus, c'est très diffi-cile de trouver des (5) _____ . Heureusement que ma voiture est petite! Mais en fait, je pense qu'ici, ce serait beaucoup plus pratique d'avoir un(6) _____ à la place d'une voiture. D'un autre côté, c'est chouette de voir tous les (7) _____ modernes. Bien sûr, ce ne sont pas des gratte-ciel comme à New York ou à Paris, mais c'est beau quand même.

Bon, je te quitte.

Grosses bises et à bientôt.

André

Grammaire The comparative

- Use **plus... que** *(more than)*, **moins... que** *(less than)*, and **aussi... que** *(as)* to make comparisons with adjectives and adverbs.

    La ville est **plus** polluée **que** la campagne.

    Les vélomoteurs vont **moins** vite **que** les voitures.

- Use **plus de... que** *(more than)*, **moins de... que** *(less than)*, and **autant de... que** *(as many/much as)* to make comparisons with nouns.

    A New York, il y a **plus de** gratte-ciel **qu'à** Paris.

    Tu as **autant d'**argent **que** moi.

- The comparative of **bon(ne)(s)** is **meilleur(e)(s)**. Use **meilleur(e)(s) que** to say that something is *better than* something else.

    — Mon gâteau est **bon**.

    — Oui, mais mon gâteau est **meilleur que** ton gâteau!

- The comparative of **bien** is **mieux**. Use **mieux que** to say that something is *done better than* something else.

    Michel travaille **bien**, mais sa sœur travaille **mieux que** lui.

14 You've interviewed people about different locations in North Africa. Write the name of the place that sounds better, according to each of their statements.

1. A Tunis, il y a moins d'arbres qu'à Nefta.

_____

4. Moi, j'aime mieux les maisons de Fès que celles de Tunis.

_____

7. Il y a plus d'embouteillages à Tunis qu'à Rabat.

_____

2. Les gens sont plus pressés à Tunis qu'à Djerba.

_____

5. Tunis est plus intéressant que Casablanca.

_____

8. Les restaurants sont meilleurs à Tunis qu'à Marrakech.

_____

3. La vie est plus animée à Tunis qu'à Mahdia.

_____

6. Il y a moins de gens mal élevés à Tozeur qu'à Tunis.

_____

15 Rewrite these sentences, using the elements in parentheses to make comparisons.

EXAMPLE   (+ / toi) Olivier court vite.
<u>Olivier court plus vite que toi.</u>

1. (+ / Nefta) Tunis est grand.
_____

2. (= / ta ville) Ma ville a de bons restaurants.
_____

3. (+ / le tajine) Le couscous est bon.
_____

4. (– / les vaches) Les moutons sont grands.
_____

5. (+ / Martine) Caroline chante bien.
_____

6. (= / Hassan) Louis est amusant.
_____

7. (+ / ton village) Mon village a des choses intéressantes à voir.
_____

16 Write four sentences comparing the place where you live to Tunisia. Use expressions from the box below to help you.

les gratte-ciel	les restaurants	les voitures	la poterie
les chèvres les foules	les tapis	les embouteillages	la pollution
moins (de) autant de		aussi	les vélomoteurs
plus (de) gens	pressés	Ici... tandis que...	

1. _____
_____

2. _____
_____

3. _____
_____

4. _____
_____

9 C'est l'fun!

PREMIÈRE ÉTAPE

To agree, disagree, or express indifference about what to watch on television, you'll need to know words for different kinds of television shows. You might also need to use negative expressions. To make requests, you might need to know what to call objects related to a TV set.

VOCABULAIRE Television programming

1 Match each statement on the left with its logical completion on the right.

_____ 1. J'aime bien les feuilletons.		**a.** Je veux savoir s'il va faire beau.
_____ 2. Ah non! Pas Mickey®!		**b.** Ils vont parler des élections.
_____ 3. Je veux regarder les informations.		**c.** Je ne rate jamais *Melrose Place*®.
_____ 4. Regardons la météo.		**d.** C'est sur l'histoire du base-ball.
_____ 5. Tu connais *ER*®?		**e.** Je déteste les dessins animés.
_____ 6. Ce soir, il y a un reportage sportif.		**f.** C'est une série super!

2 The types of programs that are on television tonight are missing from this TV guide. Based on the description of each program, write in what type of show it is.

LUNDI 23 JUILLET

18.00 (1) _____
A vous de jouer! La compétition est féroce entre les deux participants. Qui gagnera la voiture?

18.30 (2) _____
Les jours de Marie 4ème épisode. Marie rencontre un jeune homme. Ils décident de dîner ensemble.

19.30 (3) _____
régionales. Ce qui s'est passé dans notre région aujourd'hui.

20.00 (4) _____
TV5 Journal Les événements du jour dans le monde. Présenté par Sophie Légère.

LA SOIREE SUR TV5...

20.30 (5) _____
L.A. Blues avec John Adam et Sally Jones. Nos deux détectives trouvent une jeune fille qui a perdu la mémoire.

21.30 (6) _____
Les dents de la nature Des explorateurs vont dans la savane africaine pour étudier la vie des lions.

22.30 (7) _____
Le temps qu'il fera demain au Canada.

23.40 (8) _____
Musique en images. La dernière chanson de Roch Voisine.

---

3 Epie and Dianne are trying to decide what to watch on television. Complete their conversation.

la météo   les vidéoclips   les informations   magazines télévisés

les feuilletons   les séries   dessins animés   la publicité

reportages sportifs   les jeux télévisés   les émissions de variétés

EPIE   Tu aimes *NYPD Blue®*, toi?

DIANNE   Oui! J'adore **(1)** _____ !

EPIE   Moi aussi. Mais je n'aime pas du tout **(2)** _____
du genre *Melrose Place*.

DIANNE   Moi non plus. Au fait, qu'est-ce que tu aimes comme

(3) _____ ?

EPIE   *Tom et Jerry®*. C'est vraiment rigolo, *Tom et Jerry!*

DIANNE   Tu rigoles! C'est nul. Bof, enfin, peu importe. Oh! Regarde! C'est

(4) _____ pour le chocolat Lavain! Elle est super, celle-là!

EPIE   Tu te fiches de moi? Elle est débile! Regardons plutôt *Jeopardy®*.

J'adore **(5)** _____ .

DIANNE   Bon d'accord. Mais après, on regarde **(6)** _____ . Je vais
faire de la planche à voile demain et je voudrais savoir quel temps il va faire.

4 Give an example for each category of programs listed. In each case, tell whether or not you
watch that type of program. If you do, tell how often.

EXAMPLE   Les informations : <u>CNN Around the World in 30 minutes®.</u>

<u>Je ne regarde pas les informations.</u>

1. Un feuilleton : _____

_____

2. Un jeu télévisé : _____

_____

3. Un match: _____

_____

4. Un dessin animé : _____

_____

5. Une série : _____

_____

VOCABULAIRE   The television

5 Read the clues and write the number of each clue next to the word it describes.

1. On peut l'utiliser pour allumer et éteindre la télé.

2. On en a besoin pour regarder des films vidéo.

```
___  S O N
___  E C R A N
___  T E L E C O M M A N D E
___  M A G N E T O S C O P E
___  P R O G R A M M E   T E L E
```

3. C'est la partie du téléviseur où il y a l'image.

4. On le lit pour savoir ce qu'il y a à la télé.

5. Le bouton du volume permet de le baisser.

6 Tell what object each of the following people needs. You might use some words more than once.

une cassette vidéo   l'écran   la télécommande   l'image

le vidéoclip   un nouveau téléviseur   le programme télé   un magnétoscope

une chaîne

1. Marcus wants to change channels. _____

2. Sophie wants to rent a movie and watch it at home. _____

3. Rodolphe doesn't know what time the game starts. _____

4. Karim can't hear anything. He wants to turn up the volume. _____

   _____

5. Flaure wants to see something on TV, but her TV set is broken. _____

   _____

6. Ti's camcorder has no more film. _____

Grammaire Negative expressions

You already know the negative expressions **ne... pas**, **ne... jamais**, and **ne... plus**. Other negative expressions are **ne... rien** *(nothing)*, **ne... pas encore** *(not yet)*, **ne... aucun(e)** *(no . . .)*, **ne... personne** *(no one)*, **ne... nulle part** *(nowhere)*, and **ne... ni... ni** *(neither . . . nor . . .)*. Notice that you use double negatives in all these French expressions. In most cases, the two parts of a negative expression go around the verb. Notice the placement of the negative expressions in the following examples.

Je **ne** connais **personne** ici.

Personne ne connaît ce jeu?

Il **ne** fait **rien** cet après-midi.

Rien ne se passe dans ce feuilleton.

Je **ne** vais **nulle part** cet été.

Il **n'**aime **ni** les séries **ni** les films.

Alice **n'a pas encore** téléphoné.

Nous **n'**avons **aucune** nouvelle de Luc.

7 Unscramble and rewrite the following statements.

1. dimanche / rien / ne / ils / font

   _____

2. est / encore / Marie-Pierre / pas / arrivée / n'

   _____

3. feuilletons / regarde / jeux / ne / les / je / télévisés / ni / ni / les

   _____

4. aucun / n' / film / avons / science-fiction / nous / de

   _____

5. cette / personne / sur / connais / photo / ne / je

   _____

8 Place the correct negative elements in the empty boxes.

> ne   personne   nulle part   n'
> pas encore   ni... ni   aucun   rien

1. Pierre, monte le son! Je ☐ entends ☐ !

2. Céline ne va pas au cinéma très souvent. Elle ☐ a ☐ vu le film de Gérard Depardieu.

3. ☐ ☐ veut regarder le match avec moi?

4. Où est la télécommande? Je ☐ la vois ☐ .

5. Elle ne peut pas regarder cette vidéo. Elle ☐ a ☐ téléviseur ☐ magnétoscope.

CHAPITRE 9 Première étape

9 You and your friend Angèle never agree on anything. Each time she says something, you say exactly the opposite.

«Tout me plaît dans ce feuilleton!» 1._____

«Le film a déjà commencé!» 2._____

«J'aime la publicité et les vidéoclips.» 3._____
_____

«Je regarde tout sur cette chaîne.» 4._____

«Tout le monde regarde les jeux télévisés dans ma famille.» 5._____
_____

«Je regarde toutes les séries américaines.» 6._____
_____

Note de Grammaire   Ne... que

Although the expression **ne... que** has the same structure as negative expressions, it has a positive meaning. It means *only*. **Ne** is placed before the conjugated verb and **que** just before the word it modifies.

Je **ne** regarde **que** les reportages sportifs.   *I watch only sportscasts.*

Nous **ne** regardons la télé **que** le dimanche.   *We watch TV only on Sunday.*

10 Marinette wrote a friend to tell her what she likes to watch on TV. Read this excerpt from Marinette's letter, and tell whether the following statements are true (**T**) or false (**F**).

> Je ne regarde la télé que deux ou trois heures par semaine. On ne regarde que le sport le dimanche parce que personne ne veut regarder le même programme : ma mère n'aime que les films, mes frères ne veulent voir que les vidéoclips et mon père ne s'intéresse qu'au sport! Je ne regarde jamais la télé le samedi. Je ne ferais rien si je regardais la télé ce jour-là. Le samedi, je ne fais que du sport!

	TRUE	FALSE
1. Marinette does nothing but watch TV on Saturday.	_____	_____
2. Her family watches only sports on Sundays.	_____	_____
3. Her mother likes movies.	_____	_____
4. Her father is only interested in sports.	_____	_____
5. Marinette watches TV on weekdays only.	_____	_____

■ DEUXIEME ETAPE

To ask for and make judgments or recommendations about movies, you'll need to know the names of different types of movies. To summarize a movie, you'll need to use relative pronouns.

VOCABULAIRE   Types of movies

11 Adrien is showing his friends a list of old movies he's planning to rent. Guess what types of movies Adrien's friends are talking about as they review the movies for him.

un film d'aventures   un film d'horreur   un drame   un film d'espionnage   un film étranger   une comédie   une comédie musicale   un film historique

1. Ne prends surtout pas *Il Postino!* C'est _____. Je n'y ai rien compris parce que c'est en italien.

2. Moi, je n'ai pas du tout aimé *Dracula*. C'est _____. Ça m'a fait trop peur.

3. Moi, je te recommande *North by Northwest*. C'est_____ d'Hitchcock. Il y a beaucoup de suspense.

4. Tu devrais prendre *Le retour de Martin Guerre*. C'est _____ qui se passe au Moyen-Age *(Middle Ages)*. C'est génial et les costumes sont super!

5. Alors, *Annie,* ça ne vaut pas le coup! C'est _____

_____. Les chansons et la musique sont vraiment ringardes. C'est un navet!

Grammaire   Relative pronouns

When you want to make one long sentence out of two short ones, you can use the relative pronouns **qui, que,** and **dont.**

- **Qui** acts as the subject of a clause and is usually followed immediately by a verb. The verb agrees with the word **qui** refers to in the preceding clause.

    Ce film parle d'un garçon **qui** s'appelle Antoine Doinel.

    Il s'agit de trois hommes **qui** trouvent un bébé.

- **Que** acts as the direct object and is usually followed by a subject. **Que** becomes **qu'** in front of a vowel. Unlike its English equivalent, *that*, **que** is never left out.

    J'ai beaucoup aimé le film **que** j'ai vu hier.

    I really liked the movie (that) I saw yesterday.

- **Dont** means *whose* or *about/of/from whom* or *what*.

    Isabelle est la fille **dont** la famille habite à Montréal. *(whose)*

    Je ne connais pas les gens **dont** il m'a parlé. *(about whom)*

12 Dominique is trying to convince Claude to watch his favorite American movie, *Auntie Mame®*. Complete the note that he left for Claude by choosing one of the relative pronouns in the parenthesis.

Claude,

Il faut que nous regardions «Auntie Mame». C'est le vieux film américain avec Rosalind Russell (1) _____ (qui / dont) je parle tout le temps. C'est un film (2) _____ (qui / que) a été tourné (filmed) en 1958. Le film mélange tous les genres (3) _____ (dont / que) tu aimes. C'est un film classique (4) _____ (qui / dont) utilise les techniques du drame mais aussi de la comédie. D'abord, il est classique parce que les images (5) _____ (qui / qu') on y voit sont typiques des films des années cinquante. Le film est comique parce que les personnages (6) _____ (dont / qu') on présente sont des stéréotypes de la société américaine, et ils se retrouvent dans des situations (7) _____ (qui / dont) sont très drôles. Pourtant (However), c'est un drame aussi. On voit une femme (8) _____ (qui / que) a perdu sa fortune devenir de nouveau riche. On voit aussi un enfant (9) _____ (qui / dont) Auntie Mame se charge (takes care of) grandir jusqu'à l'âge d'homme. C'est un film (10) _____ (que / qui) fait rire et pleurer. Alors, on le regarde ce week-end?

Dominique

13 Combine the phrases and pronouns below to define these movie genres.

1. Un film d'horreur, c'est un film   les héros sont dans l'armée.

2. Un western, c'est un film   tout le monde devrait voir.

3. Un film classique, c'est un film   les héros sont des cow-boys.

4. Un film de guerre, c'est un film   a des monstres.

5. Un drame, c'est un film   on aime, parce qu'il raconte des histoires tristes.

```
QUI
        QUE
QU'
        DONT
```

1. _____

2. _____

3. _____

4. _____

5. _____

10 Rencontres au soleil

■ PREMIÈRE ÉTAPE

To brag about yourself or to flatter someone, you'll need to know how to use the comparative and the superlative. To talk about everyday life in Guadeloupe, you might want to know words related to the sea.

VOCABULAIRE   Sea life

1 Read what these friends experienced when they went diving. Then answer the questions that follow in English.

DIDIER   Moi, j'ai vu une énorme étoile de mer et des crabes.

ALICE   Eh ben, moi, j'ai vu une méduse mais elle ne m'a pas piquée.

PROSPER   Moi, je me suis fait mal contre un rocher et je n'ai rien vu!

YVETTE   Vous avez vu tout ce corail? C'est magnifique, non?

1. What did Alice see? _____

2. What did Yvette see? _____

3. What did Prosper see? _____

4. How did Prosper get hurt? _____

5. Who saw a starfish? _____

6. Who saw crabs? _____

2 Jean-Jacques has written a letter to his friend Sébastien to tell him about the exciting things he's experiencing in Guadeloupe. Correct Jean-Jacques' letter by writing the correct words above his errors.

La Guadeloupe, c'est fantastique! Hier, j'ai fait de la plongée. J'ai vu des choses extraordinaires. J'ai vu un crabe avec ses huit grandes tentacules! Il y avait aussi un homard. Sa tête ressemblait vraiment à celle d'un cheval! Je n'ai pas vu de corail mais on en a mangé au déjeuner. Ici, elles sont petites et grises.

J'ai aussi vu une méduse qui marchait très lentement sur la plage. Elle avait une grosse carapace (shell) ronde et elle n'était pas pressée du tout! Nous avons aussi trouvé de très beaux espadons sur la plage. Je t'en rapporte pour ta collection. En attendant, je te quitte. Grosses bises et à bientôt.

Si tu as oublié... The comparative

> To compare nouns, use **plus de... que, moins de... que,** or **autant de... que.**
>
> To compare adjectives and adverbs, use **plus... que, moins... que,** or **aussi... que.**
>
> Remember that the comparative of the adjective **bon** is **meilleur(e)(s)** and the comparative of the adverb **bien** is **mieux.**

3 Use the clues in parentheses to create comparative sentences with the items given below. Don't forget to make all necessary changes.

EXAMPLE   (−) J'ai vu / des hippocampes / des crabes
          <u>J'ai vu moins d'hippocampes que de crabes.</u>

1. (+) les requins / être / dangereux / les tortues

    _____

2. (−) ces rochers / être / beau / ces coraux

    _____

3. (+) le crabe / être / bon / le homard

    _____

4. (=) Il y a / des étoiles de mer / des coquillages

    _____

5. (=) Célestine / être / courageux / Aristide

    _____

4 Julien, Caroline, Sim, and Fatima went to a summer camp in Guadeloupe. Based on what they did and saw, write comparative sentences about them.

EXAMPLE   <u>Julien a vu plus de crabes que Mélanie.</u> OR <u>Mélanie a vu moins de crabes que Julien.</u>

1. Fatima a pris beaucoup de photos.   Caroline n'a pas pris beaucoup de photos.

    _____

2. Fatima a mangé six crevettes.   Sim a mangé six crevettes.

    _____

3. Les crevettes de Fatima étaient bonnes.   Les crevettes de Sim n'étaient pas très bonnes.

    _____

4. Julien a trouvé dix coquillages.   Sim a trouvé vingt-trois coquillages.

    _____

5. Les coquillages de Sim sont beaux.   Les coquillages de Julien sont beaux.

    _____

French 3 Allez, viens!, Chapter 10

Grammaire The superlative

When you say that something is *the most . . . , the least . . . ,* or *the best,* you use the superlative. To make a superlative in French, use the appropriate definite article (**le, la, les**) and a comparative form. Remember to make articles and adjectives agree with the noun they modify.

Cette plage a **les plus beaux** coquillages.

Ce restaurant sert **les meilleures** crevettes.

• If you're using an adjective that normally follows the noun, use the article twice, once before the noun and again before the superlative.

Ce restaurant sert **les** crevettes **les plus** délicieuses.

• Use **de** to say *in/of* after a superlative.

C'est la plus belle plage **de** la région.

C'est le plus beau coquillage **de** la boutique.

5 You and your friend Bernard just came back from Guadeloupe. You both liked what you saw, but Bernard is particularly enthusiastic. Each time you comment on something, he exaggerates, using a superlative. Write out the statements that he makes.

EXAMPLE   TOI On a vu de beaux coquillages.
             BERNARD <u>On a vu les plus beaux coquillages du monde!</u>

TOI On a vu des requins énormes.

BERNARD **(1)** _____

TOI On a mangé de bons homards.

BERNARD **(2)** _____

TOI On est allés sur des plages superbes.

BERNARD **(3)** _____

_____

TOI On a vu des poissons colorés.

BERNARD **(4)** _____

TOI On a vu de grands espadons.

BERNARD **(5)** _____

TOI On a vu des animaux bizarres.

BERNARD **(6)** _____

_____

TOI On a mangé des crevettes délicieuses.

BERNARD **(7)** _____

_____

6 Choose one element from each column to make four sentences using the superlative.

1. le requin	animal	rapide	la mer
2. l'étoile de mer	créature	féroce	l'océan
3. la tortue		bizarre	la région
4. l'hippocampe		intéressant	

1. _____

_____

2. _____

_____

3. _____

_____

4. _____

_____

Adverbs in the superlative

To use adverbs in the superlative, place **le** in front of the comparative form of the adverb. The entire superlative phrase directly follows the verb it modifies.

De tous les animaux, c'est le guépard qui court **le plus vite**.

En classe, c'est Martine qui parle **le moins souvent**.

Sophie nage bien, mais c'est Julie qui nage **le mieux**.

---

7 Use the words in parentheses to write sentences in the superlative about Bénédicte's family members, according to her descriptions.

EXAMPLE   Quand mon père parle, on l'entend dans toute la maison! (parler/fort)
          <u>C'est mon père qui parle le plus fort.</u>

1. Jérôme adore le cinéma. Il va voir tous les films qui passent! (aller/souvent)

_____

2. Ma mère est la première à se lever le matin. (se lever/tôt)

_____

3. Agathe est la seule qui n'aime pas beaucoup la télé. (regarder/souvent)

_____

4. Mon frère gagne toutes les compétitions. (nager/vite)

_____

5. Mon père ne sait pas vraiment faire la cuisine. (faire la cuisine/bien)

_____

■ DEUXIEME ETAPE

To break some news and show interest and disbelief about everyday life, you'll need to know expressions that describe those events. You'll also need to know how to use the **plus-que-parfait**.

VOCABULAIRE   Everyday life

8 Match the statements that logically go together.

_____ 1. Elodie a déménagé.   **a.** Elle va se faire percer les oreilles.

_____ 2. Josée a pris des leçons de conduite.   **b.** Elle habite loin de chez moi maintenant.

_____ 3. Coline a eu un accident de vélo.   **c.** Elle s'est cassé la jambe.

_____ 4. Sylviane aime vraiment les bijoux!   **d.** Elle va passer son permis.

_____ 5. Regarde Adrienne!   **e.** Elle n'a plus de boutons du tout.

9 You've been home sick for a week and your friends have sent you notes to tell you about what's happening at school. Unfortunately, your dog chewed on the notes. Write a logical ending for each of the notes.

> ■ se sont bagarrées   déménage   a perdu du poids   s'est cassé la jambe
> ■ se sont fiancés hier   a des boutons   s'est fait enlever ses bagues

1. Figure-toi que Julie est tombée dans l'escalier. Elle

_____

_____

3. Tu connais la dernière? Hier, Christine a traité Martine de tricheuse et elles

_____

_____

5. Les dents de Félix sont tout à fait normales maintenant. Il

_____

_____

2. J'ai entendu dire que Fabrice et Claude se marient. Ils

_____

_____

4. Tu savais que le père de Paul avait trouvé un nouveau job à Chicago? Toute la famille

_____

_____

6. Tu ne reconnaîtrais pas Félicité! Je crois qu'elle fait un régime amaigrissant. Elle

_____

_____

Grammaire The past perfect

In French you use the **plus-que-parfait** *(past perfect)* to say that something *had happened* before something else *happened.* You also use it to report what someone told you happened.

> Je suis allée le voir mais il **était** déjà **parti**.
>
> *I went to see him, but he <u>had</u> already <u>left</u>.*
>
> Il m'a dit qu'il **était allé** à la Guadeloupe.
>
> *He said he <u>had been</u> to Guadeloupe.*

• Like the **passé composé**, the **plus-que-parfait** uses a helping verb (**avoir** or **être**) + a past participle. The only difference is that the helping verb is in the **imparfait** instead of the present.

> **J'avais déménagé.**   **J'étais parti(e).**   **Ils s'étaient mariés.**

• The rules for agreement of past participles are the same for both the **passé composé** and the **plus-que-parfait**.

> — J'ai entendu dire que Louise **était allée** à la Guadeloupe.
>
> — Tonio m'a dit qu'il **l'avait vue** hier.

10 Read Sandra's journal entry and circle the verbs in the **plus-que-parfait**.

> *Aujourd'hui, j'ai déjeuné avec Stéphane. Il n'était pas content parce qu'il s'était bagarré avec son frère Lucas le matin. Lucas l'avait poussé et il s'était fait mal au dos en tombant par terre. Stéphane m'a demandé si je voulais bien lui prêter mon appareil-photo, mais je l'avais prêté à Cécile vendredi. Pas de chance! L'après-midi, Sophie est venue me voir. Nous avons décidé d'aller chercher Didier pour aller faire du patin, mais pas de Didier! Il était parti à la piscine. Quelle journée!*

11 Complete these sentences by conjugating the verbs in parentheses. Use the past perfect.

1. Tu savais que je (j') _____ (perdre) mon caméscope?

2. On t'a dit que Marie-Ange _____ (se casser) la jambe?

3. François m'a dit que Mireille _____ (se faire) mal au dos.

4. Elle m'a demandé si j' _____ (acheter) une voiture.

5. Vous saviez que Luc et Angèle _____ (se fiancer)?

6. Je ne savais pas que vous _____ (emboutir) votre voiture.

7. Mon frère m'a dit que tu _____ (entrer) à l'université.

8. Ludo m'a demandé si Patricia _____ (déménager).

9. Laure _____ (se faire) enlever ses bagues avant son anniversaire.

12 Trahn sent you this note on Monday. Read it, and then call Martin to tell him what Trahn told you in his note. Start each statement with **Il m'a dit que...** and be sure to make all the necessary changes. Use the past perfect when necessary.

(1)Je n'ai pas pu venir vous voir le week-end dernier parce que mon père s'est cassé la jambe samedi matin. (2)Ma mère a dû emmener mon père à l'hôpital. (3)Elle a voulu que je reste à la maison avec ma petite sœur. (4)Mes parents sont revenus de l'hôpital vers midi. (5)L'après-midi, je me suis fait enlever mes bagues. (6)Après, je ne t'ai pas téléphoné parce que je n'ai pas trouvé ton numéro de téléphone. (7)Mais, bon... je me suis bien amusé quand même... (8)Je suis allé au cinéma avec Sophie. (9)Nous avons vu un film américain classique, Ben-Hur®.

Trahn

1. _____

2. _____

3. _____

4. _____

5. _____

6. _____

7. _____

8. _____

9. _____

Nom_____ Classe_____ Date_____

Laissez les bons temps rouler!

PREMIERE ETAPE

To ask for and give opinions and agree or disagree about music, you'll need to know the names of different kinds of music. You might also want to know the names of musical instruments.

VOCABULAIRE   Music and musical instruments

1 Write the following instruments in the appropriate category. Some words might belong to several categories.

le saxophone   la basse   le violon   la flûte

la guitare   le synthé   la boîte à rythmes

INSTRUMENTS A CORDES *(String Instruments)*	INSTRUMENTS ELECTRIQUES	INSTRUMENTS A VENT *(Woodwind)*
_____	_____	_____
_____	_____	_____
_____	_____	_____

2 Tell in French what types of music these people are most likely to enjoy, based on the instruments they like.

1. Marie aime le saxophone et la trompette. _____

2. Aimé adore l'accordéon et le violon. _____

3. Ce que Gilles préfère, c'est le synthé. _____

4. Annie aime la guitare et les chansons

   tristes *(sad)*. _____

5. Elodie joue de la flûte et du violon. _____

6. Diane aime la guitare, la basse et la batterie. _____

7. Ce que Julien préfère, c'est la boîte à rythmes. _____

3 Read the clues and fill in the grid with your answers.

HORIZONTALEMENT

1. Dans les chansons de ce type, on ne chante pas toujours; souvent, on parle.

2. Un instrument de musique populaire chez les Cajuns et les Français. Il se remplit *(fill)* d'air quand on en joue.

VERTICALEMENT

3. C'est comme une guitare et ça donne le rythme à tout le groupe.

4. On n'a pas besoin d'un instrument de musique pour faire ça.

5. C'est un grand instrument et il faut s'asseoir pour en jouer.

6. U2 joue ce type de musique.

7. On tape sur cet instrument; c'est un cousin du tam-tam.

8. Ça ressemble à l'instrument de la question n°5, mais c'est électrique.

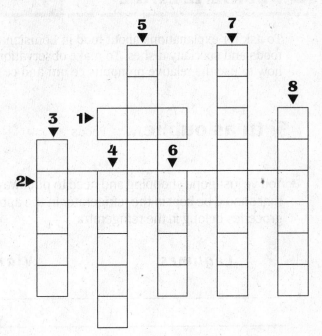

4 Frédéric is doing a survey in his school to find out what kinds of music his classmates like. Complete his questions, based on the responses he gets.

FREDERIC Comment tu trouves ça, la **(1)** _____?

JULIEN Bof. Je n'aime pas tellement ça. C'est nul! Je n'aime pas du tout Janet Jackson, par exemple.

FREDERIC Ça te plaît, le **(2)** _____?

PERNILLE Je trouve ça hyper-cool. J'ai tous les CD de Bonnie Raitt et de B.B. King.

FREDERIC Qu'est-ce que tu penses du **(3)** _____?

BLANDINE Ça m'éclate! J'adore danser le «two step» et écouter Randy Travis.

FREDERIC Ça te branche, la **(4)** _____?

JOEL Non. Je trouve ça nul. Mozart, Beethoven et tout ça, c'est pour les vieux!

FREDERIC Tu n'aimes pas la **(5)** _____?

CLAUDE Si, j'aime beaucoup. Quand je suis allé en Louisiane, j'ai acheté plein de CD.

FREDERIC Ça te branche, le **(6)** _____?

CELINE Oui! Je n'écoute que ça. Surtout le «heavy metal».

FREDERIC Qu'est-ce que tu penses du **(7)** _____?

FLAURE Ça ne me branche pas trop. Le saxo et la trompette, c'est démodé et c'est barbant.

FREDERIC Comment tu trouves ça, le **(8)** _____?

PAUL Je trouve ça super! MC Solaar, par exemple, c'est génial.

CHAPITRE 11 Première étape

■ DEUXIEME ETAPE

To ask for explanations about food in Louisiana, you'll need to know the names of some foods and specialty dishes. To make observations and give impressions, you'll need to know how to use the relative pronouns **ce qui** and **ce que**.

● Si tu as oublié...   Foods

5 You've just gone shopping and need to put away the groceries. Write the names of the items that should be kept in the refrigerator in the appropriate spot. Be careful! Not all of the groceries belong in the refrigerator.

Légumes
_____
_____
_____

Viande
_____
_____

Boissons
_____

Fruits
_____
_____
_____

lait   céréales
pâtes   petits pois
haricots verts   ananas
fraises   bifteck
coca
okras   eau minérale
pêches   gâteau
jus d'orange   pain
pommes   poires
porc   sel   farine
jus de raisin   limonade

6 Now, look back at the counter and refrigerator and create menus for each of these four meals.

Le petit déjeuner   **Le déjeuner**   **Le goûter**   **Le dîner**

French 3 Allez, viens!, Chapter 11

VOCABULAIRE   Cajun food

7 Cross out the word that doesn't belong in each list because of meaning.

1. de la bisque	2. du porc	3. de l'andouille	4. des épinards	5. salé
de la soupe	du fromage	de la saucisse	des écrevisses	au court-bouillon
du gombo	du bifteck	du saucisson	des okras	à la vapeur
du jambalaya	du poulet	du poisson	des carottes	frit

8 You and your friends are in a Cajun restaurant in New Orleans. Your friends don't know anything about Cajun food. Suggest the dishes they might want to order, based on what they like.

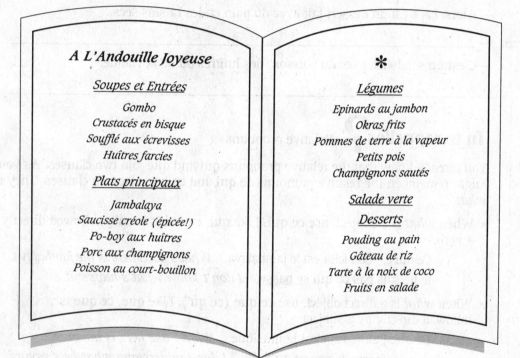

A L'Andouille Joyeuse

Soupes et Entrées

Gombo
Crustacés en bisque
Soufflé aux écrevisses
Huîtres farcies

Plats principaux

Jambalaya
Saucisse créole (épicée!)
Po-boy aux huîtres
Porc aux champignons
Poisson au court-bouillon

*

Légumes

Epinards au jambon
Okras frits
Pommes de terre à la vapeur
Petits pois
Champignons sautés

Salade verte

Desserts

Pouding au pain
Gâteau de riz
Tarte à la noix de coco
Fruits en salade

1. Armand would like to try a sandwich and he likes tropical fruit.

_____

2. Clément loves spicy food and green leafy vegetables.

_____

3. Claude likes oysters and mushrooms.

_____

4. Géraldine likes healthy food, especially boiled fish and steamed vegetables.

_____

5. François loves shellfish and creamy desserts.

_____

6. Odile likes mushrooms and loves fruit.

_____

French 3 Allez, viens!, Chapter 11

Travaux pratiques de grammaire **99**

9 Noël is curious about Cajun cuisine and is asking his mother about some specialty dishes. Write Noël's questions, based on his mother's answers. Start your questions with **Qu'est-ce qu'il y a dans…**, **Comment est-ce qu'on fait…**, or **Qu'est-ce que c'est… ?**

1. — _____ ?

   — Il y a du riz, du poulet, des saucisses, du porc et des crustacés.

2. — _____ ?

   — C'est une soupe qu'on fait avec des crustacés.

3. — _____ ?

   — Eh bien, on prend un poisson et on met du crabe dans ce poisson.

4. — _____ ?

   — Alors, ça, c'est un dessert fait avec du pain et des raisins secs.

5. — _____ ?

   — C'est un sandwich avec du poisson, des huîtres ou de la viande.

Tu te rappelles? Relative pronouns

You already know that the relative pronouns **qui** and **que** join two clauses. As you might remember, the relative pronouns **ce qui** and **ce que** also join clauses. They mean *what*.

- When *what* is a subject, use **ce qui**. Like **qui, ce qui** is usually followed directly by a verb.

  Ce qui <u>est</u> bon ici, c'est le jambalaya.   *What's good here is the jambalaya.*
  Je ne sais pas **ce qui** <u>se passe.</u>   *I don't know what's happening.*

- When *what* is a direct object, use **ce que (ce qu')**. Like **que, ce que** is followed directly by a subject.

  Ce que <u>j'</u>aime ici, c'est la musique.   *What I like here is the music.*
  Je ne comprends pas **ce qu'**<u>il</u> dit.   *I don't understand what he's saying.*

---

10 Combine these phrases to form statements.

_____ 1. Tu ne me dis jamais ce que…   a. Alain a fait ce soir?

_____ 2. Tu sais ce qui…   b. me branche, c'est le rock.

_____ 3. Tu sais ce qu'…   c. tu veux!

_____ 4. Ce qui…   d. plairait à ta sœur pour Noël?

_____ 5. Ce que…   e. tu fais!

_____ 6. Je ne sais pas ce qui…   f. j'adore, c'est le pouding!

_____ 7. Fais ce que…   g. j'ai entendu comme musique!

_____ 8. Devine ce que…   h. se passe.

11 Complete this conversation between Marcus and Félicité, using **ce qui** or **ce que.**

MARCUS   Tu sais **(1)** _____ Simon m'a dit? Il est allé à La Nouvelle-Orléans voir ses cousins.

FELICITE   Ah oui? Moi, j'y suis allée l'année dernière. **(2)** _____ m'a étonnée là-bas, c'est l'influence française.

MARCUS   Oui! C'est **(3)** _____ Simon a remarqué aussi. Mais **(4)** _____ il a aimé le plus, lui, c'est la musique cajun. Il m'a dit que c'était formidable.

FELICITE   Est-ce que tu sais **(5)** _____ est arrivé à ma mère quand on était en Louisiane?

MARCUS   Non. Raconte.

FELICITE   Elle a dansé sur un air de zydeco et elle a gagné un prix! Devine **(6)** _____ elle a gagné!

MARCUS   Je ne sais pas.

FELICITE   Un kilo d'écrevisses! Génial, non? **(7)** _____ j'aime chez les Louisianais, c'est leur sens de l'hospitalité.

MARCUS   Oui. C'est **(8)** _____ a impressionné Simon aussi.

FELICITE   Je vais lui téléphoner. Je voudrais savoir **(9)** _____ il a fait là-bas.

12 Combine the following phrases to make six sentences, using **ce qui** or **ce que (ce qu').**

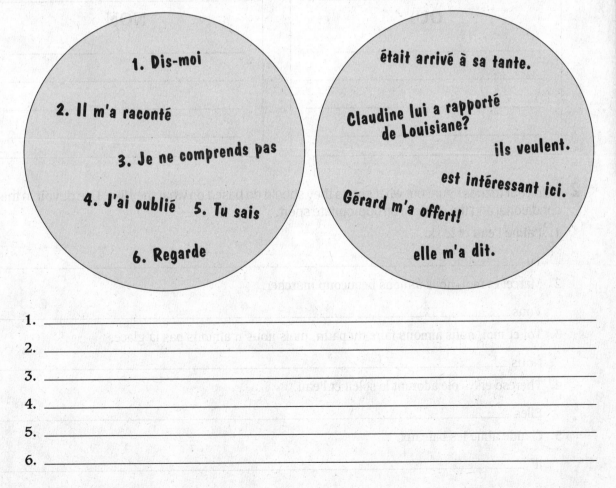

1. Dis-moi
2. Il m'a raconté
3. Je ne comprends pas
4. J'ai oublié   5. Tu sais
6. Regarde

était arrivé à sa tante.
Claudine lui a rapporté de Louisiane?
ils veulent.
est intéressant ici.
Gérard m'a offert!
elle m'a dit.

1. _____

2. _____

3. _____

4. _____

5. _____

6. _____

Echanges sportifs et culturels

■ PREMIERE ETAPE

To make suppositions and express certainty or doubt about what might happen at the Olympics, you'll need to know words for various sports events. To express anticipation, you'll need to know how to use the future tense after **quand** and **dès que**.

Si tu as oublié... Sports

1 Tamara likes individual sports but doesn't like team sports. Look at the sports mentioned below and decide which ones she's likely to do and which ones she's not likely to do.

le patin à glace	le volley	la musculation	le base-ball
la randonnée	le foot	le vélo	le hockey

OUI	NON
_____	_____
_____	_____
_____	_____
_____	_____

2 Help your friends figure out what sports they should do based on what they like. Use **devoir** in the conditional and the name of an appropriate sport.

1. J'aime l'eau et le ski.

   Tu _____

2. Marcel et moi, nous aimons beaucoup marcher.

   Vous _____

3. Toi et moi, nous aimons faire du patin, mais nous n'aimons pas la glace.

   Nous _____

4. Thérèse et Nicole adorent le soleil et l'eau.

   Elles _____

5. Claude aime les bateaux.

   Il _____

Nom _____ Classe _____ Date _____

VOCABULAIRE Sports and equipment

3 Unscramble the following words and use them to answer the riddle below. Include the definite articles in your answers.

1. arhoiépihltle   2. teînaurren   3. oropleing   4. celmicys

a. Il faut avoir un vélo pour me pratiquer. _____

b. On me pratique pour avoir de gros muscles. _____

c. J'aide les joueurs à se préparer pour un match. _____

d. On m'utilise pour sauter dans l'eau. _____

4 You see some athletes arriving at the Olympics. Guess what sports they do, based on what you can see in their bags.

1. des flèches un arc
3. un masque une épée une tenue blanche
5. un ballon
2. un maillot
4. un bâton
6. des rames

5 You're showing some friends around your gym because they're thinking of joining. Based on the equipment that's available, tell them what sports they could do there. Use the conditional forms of **pouvoir**.

1. des anneaux
2. des épées
3. des haltères
4. des disques
5. des paniers
6. une piscine
7. des rames

1. Nous _____
2. Vous _____
3. Il _____
4. Elle _____
5. Elles _____
6. Tu _____
7. Ils _____

CHAPITRE 12 première étape

French 3 Allez, viens!, Chapter 12

Travaux pratiques de grammaire **103**

Copyright © by Holt, Rinehart and Winston. All rights reserved.

Grammaire   The future tense after **quand** and **dès que**

In English, you use the present tense after *when* and *as soon as*, even when talking about the future. In French, however, you use the future tense after **quand** and **dès que** *(as soon as)* to tell that something will happen in the future.

Quand je **serai** grand, je serai frappeur.   *When I **grow up**, I'll be a batter.*

Je lui parlerai **dès qu'**il **arrivera**.   *I'll talk to him as soon as he **arrives**.*

6 Aïcha is excited about going to the Olympics and is writing a note to her friend, Bachir. Complete her note with the correct form of the verbs in parentheses.

Je t'écris dans le train qui me conduit aux Jeux. Il me tarde d'arriver! Je sais exactement ce que je ferai quand j' (1) _____ (arriver). D'abord, dès que je (2) _____ (être) à l'hôtel, je téléphonerai à mon amie Julie qui participe aux épreuves d'escrime. Ensuite, quand je la (3) _____ (trouver), on ira dîner quelque part. Je pourrai sûrement rencontrer d'autres champions. Dès que j' (4) _____ (avoir) un moment, je t'enverrai une carte postale pour te raconter! Et toi, quand tu (5) _____ (pouvoir), téléphone-moi pour me raconter tes vacances. A bientôt.

7 Use the words given below to write a sentence describing the plans of each of these young athletes.

1. pour les Jeux olympiques / avoir 15 ans / dès que / s'entraîner / je / j'

« _____

_____ »

2. quand / faire du ski nautique / être grand / nous / nous

« _____ »

3. quand / aller aux Jeux / gagner une médaille / vous / vous

« _____

_____ »

4. s'entraîner / finir le lycée / quand / au plongeon acrobatique / ils / ils

« _____

_____ »

■ DEUXIEME ETAPE

To inquire about where someone is from, you'll need to know the names of countries. You'll also need to know which preposition to use before different countries.

VOCABULAIRE   Places of origin

8 Write the name of each country under the continent where it belongs.

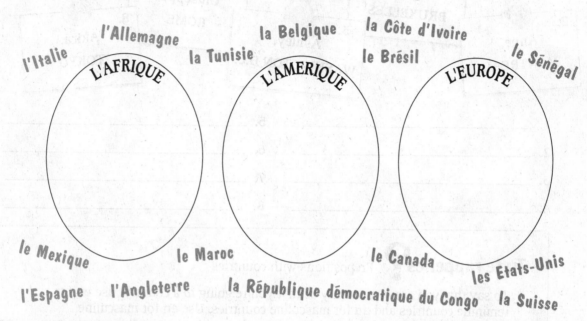

9 Complete the puzzle with the name of each country described below. Use the letters from the puzzle to reveal the name of an eighth country. You may want to use the maps on pages xxvi and xxvii in the front of your textbook.

1. Un pays d'Afrique du Nord où on boit du thé à la menthe.

2. Un pays au sud-est de la France.

3. La Sibérie en est une région dans ce pays.

4. Ce pays d'Asie produit beaucoup de voitures.

5. On y parle quatre langues.

6. Un pays d'Afrique de l'Ouest au sud de l'Algérie.

7. Un pays du nord de l'Europe où on parle anglais.

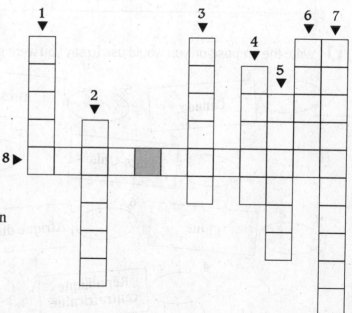

Travaux pratiques de grammaire **105**

CHAPITRE 12 Deuxième étape

10 While walking in the Olympic Village, you see athletes from around the world. Using complete sentences, tell which countries the athletes are from, based on the cities written on their badges. Start your sentences with the athlete's name and **est de...**

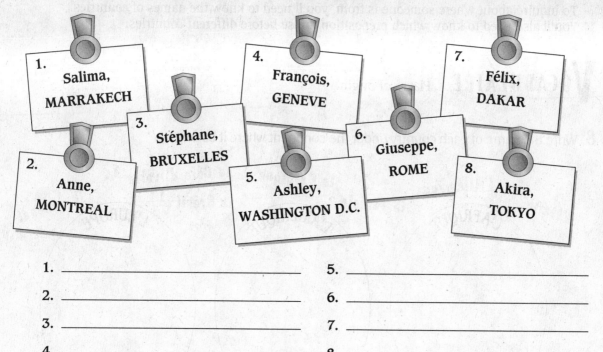

1. Salima, MARRAKECH
2. Anne, MONTREAL
3. Stéphane, BRUXELLES
4. François, GENEVE
5. Ashley, WASHINGTON D.C.
6. Giuseppe, ROME
7. Félix, DAKAR
8. Akira, TOKYO

1. _____
2. _____
3. _____
4. _____
5. _____
6. _____
7. _____
8. _____

Tu te rappelles? Prepositions with countries

To say that you are *in* a country or that you're going *to* a country, use **en** for feminine countries and **au** for masculine countries. Use **en** for masculine countries that start with a vowel. Countries that are in the plural form take **aux**.

J'habite **au** Canada et ma sœur habite **en** France.
Nous sommes allés **aux** Etats-Unis l'année dernière.

---

11 Write the preposition you would use to say you were going to each of these countries.

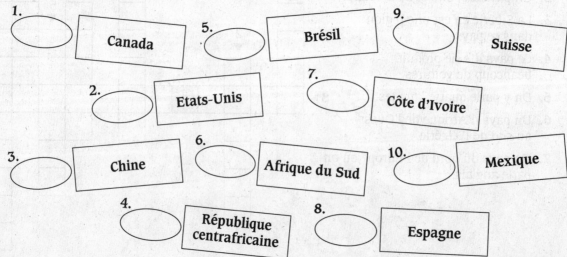

1. Canada
2. Etats-Unis
3. Chine
4. République centrafricaine
5. Brésil
6. Afrique du Sud
7. Côte d'Ivoire
8. Espagne
9. Suisse
10. Mexique

CHAPITRE 12 Deuxième étape

12 Taki and Ousmane just met at the Olympics. Complete their conversation with the appropriate prepositions.

OUSMANE Salut. Tu es d'où, toi?

TAKI Moi, j'habite **(1)**_____ Côte d'Ivoire, mais je suis né **(2)**_____ France. Et toi, tu es d'où?

OUSMANE Je suis Sénégalais. C'est la première fois que tu viens **(3)**_____ Etats-Unis?

TAKI Oui. C'est super, non? Et toi, c'est la première fois?

OUSMANE Oui, moi aussi. Je suis déjà allé **(4)**_____ Canada et **(5)**_____ Mexique pour des compétitions, mais je n'étais jamais venu ici.

TAKI Dis donc, tu voyages beaucoup! Dans quels autres pays tu es allé?

OUSMANE Oh, ben… Je suis allé **(6)**_____ Belgique deux fois, **(7)**_____ Espagne une fois,

(8)_____ France, bien sûr, **(9)**_____ Niger pour voir mes cousins et

(10)_____ République démocratique du Congo pour une course. Je crois que c'est tout. Et toi?

TAKI Moi, mon père est diplomate. Alors, j'ai habité dans plusieurs pays.

OUSMANE Ah oui? Lesquels?

TAKI J'ai habité **(11)**_____ Allemagne et **(12)**_____ Angleterre.

13 Béatrice is interviewing some young athletes about what things are like where they live. Based on their answers, write the questions she asks them. Include the name of each athlete's country in the questions.

1.

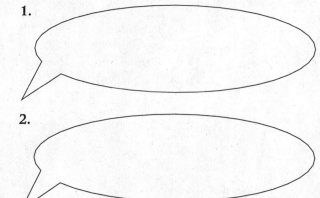

Bien sûr qu'il y a la télévision! A Tunis, on a cinq chaînes!

2.

Eh bien, dans ma région, en Sibérie, on mange beaucoup de soupe.

3.

Ça dépend. Là où j'habite, à Montréal, la vie est super.

4.

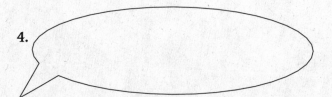

Non, on ne parle pas français dans mon pays. Surtout pas à Chicago.

CHAPITRE 12 Deuxième étape